Fantômette et la Dent du Diable

CE LIVRE APPARTIENT À :
Isabel Neilson
OFFERT PAR : maman Neilson
REÇU LE : ? 1995

RETROUVEZ *FANTÔMETTE*
DANS LA BIBLIOTHÈQUE ROSE

Fantastique Fantômette
Fantômette contre la Main jaune
Fantômette à la mer de sable
Fantômette et le Masque d'argent
Fantômette et le mystère de la tour
Fantômette et la lampe merveilleuse
Fantômette contre Fantômette
Les exploits de Fantômette
Fantômette et la grosse bête
Pas de vacances pour Fantômette
Fantômette et l'île de la sorcière
Fantômette et la maison hantée
Fantômette et le brigand
Fantômette et le trésor du pharaon
Fantômette et la Dent du Diable
Fantômette et la télévision
Fantômette contre le hibou
Les sept Fantômettes
Fantômette s'envole

Georges Chaulet

Fantômette et la Dent du Diable

Illustrations de Philippe Daure

HACHETTE Jeunesse

Hachette, 79, boulevard Saint-Germain, 75006 Paris

Chapitre 1

En téléphérique

« AAAAH ! ! ! Nous allons tomber dans le ravin », hurla la grande Ficelle, verte de peur.

L'autocar frôlait dangereusement le mince parapet qui bordait une route sinueuse, étroite, rendue glissante par des plaques de neige à demi fondues. Depuis près de trois heures, le lourd véhicule grimpait à l'assaut des Alpes, grondant, pétaradant, empoisonnant l'air pur de la montagne avec des nuages gris et malodorants. Ses vingt jeunes passagères étaient balancées à droite et à gauche, projetées en avant, en arrière, secouées, assourdies, mais ravies, car la perspective de glisser sur les pentes neigeuses leur faisait oublier les inconvénients du voyage. Et la petite colonie manifestait sa joie en braillant des airs à la mode, au risque de provoquer des avalanches.

Seule, la grande Ficelle ne semblait point partager l'allégresse générale. Blême, les yeux hagards, la gorge sèche, elle collait son nez à la vitre pour sonder avec effroi les profondeurs des vallées, calculer les risques de culbute et imaginer la dégringolade au long de la pente parsemée de sapins, jusqu'au torrent glacé qui serpentait tout en bas...

Elle se tourna vers sa voisine, une grosse fille aux joues rebondies, qui dépliait l'emballage en aluminium d'un triangle de fromage.

« Boulotte ! Tu n'as pas peur, toi ? »

La gourmande engloutit le triangle et demanda avec surprise :

« Peur ! Peur de quoi ?

— Eh bien, ça, là... Ce précipice ! C'est ébouriffant ! Si nous tombions dedans... Ce serait horrible ! »

Boulotte haussa les épaules :

« Du moment que j'ai l'estomac plein, je ne pense pas. »

La grande Ficelle se retourna. Sur le siège arrière, une brunette aux cheveux bouclés se faisait bercer par le mouvement du car. Ficelle l'interpella :

« Hé ! Françoise ! Tu n'as pas peur, toi ? »

Pas de réponse.

« Françoise, tu dors ?

— Tu vois bien que oui », fit la brunette, sans ouvrir les yeux.

Ficelle fronça les sourcils.

« Ce n'est pas vrai ! Si tu dormais, tu ne pourrais pas me répondre. Et puisque tu me réponds, c'est que tu es éveillée.

— Alors, puisque je suis éveillée, pourquoi me demandes-tu si je dors ?

— Parce que... Et puis, tiens ! j'aime mieux ne pas te répondre ! Je vais faire marcher mon transistor. »

Elle écouta de la musique pendant dix secondes, puis poussa une exclamation en apercevant au long d'une pente blanche un chapelet de points noirs. Elle se dressa en criant :

« Oh ! Regardez ! Des skieurs... »

Une voix d'homme ordonna :

« Ficelle ! Asseyez-vous ! »

C'était l'un des trois moniteurs chargés

d'accompagner la colonie. Ils étaient tous trois blonds, athlétiques et revêtus d'impressionnants anoraks rouges. Ficelle obéit et saisit le bras de Boulotte, pour attirer son attention.

« Tu as vu ces skieurs ? Ils sont tellement petits qu'ils ressemblent à des microbes... »

Boulotte jeta un coup d'œil distrait, déclara que la piste de ski lui faisait penser à des œufs à la neige, puis entreprit de croquer une tablette de chocolat blanc parfumé à la noix de coco. Quelques instants plus tard, l'autocar parvint au sommet d'une côte.

Dans un cadre de sapins, apparut une petite ville aux maisons de bois coiffées de longs toits roses, dont les fenêtres s'ornaient de balcons peints en bleu, jaune, rouge... Tout était propre et clair, gai et accueillant. Le moniteur-chef annonça :

« Nous arrivons à Chamoix... Tout le monde descend ! »

A ces mots, un grand remue-ménage se produisit. Les filles se précipitèrent sur les valises, les sacs et les skis, en poussant mille exclamations, et se bousculèrent pour sortir du car. Les moniteurs rassemblèrent tant bien que mal tout leur monde, s'assurèrent qu'il ne manquait personne, puis donnèrent le signal de la marche. On allait traverser Chamoix à pied pour se rendre à la station de téléphérique.

Ces demoiselles défilèrent tout au long de la rue principale en martelant la neige du talon et en hurlant avec enthousiasme, sur un air fantaisiste :

Faire du traîneau
C'est rigolo
Faire du ski
C'est exquis !

La colonie entra en se bousculant dans la station, puis dans la cabine.

Ficelle franchit la porte en confiant à Boulotte :

« C'est la première fois que je monte dans un engin comme celui-là... Ce que je vais avoir peur ! J'en suis tout ébouriffée ! »

On entendit le son aigrelet d'une trompette, puis le ronflement d'un moteur électrique et quelques grincements. Avec douceur, la cabine quitta la gare et s'éleva obliquement.

Après un instant, Ficelle oublia ses craintes pour admirer le panorama qui défilait sous ses yeux. Les Alpes étaient grises, ocres, violettes, barbouillées de neige, parsemées d'épicéas vert foncé, surmontées d'un ciel bleu parfaitement nettoyé. Ficelle s'écria :

« Ah ! quel spectacle ébouriffant ! On dirait une diapositive en couleurs naturelles ! »

La cabine survola une cordée d'alpinistes qui semblaient collés à la paroi verticale. Ce fut un nouveau sujet d'étonnement pour la grande fille, qui demanda à Françoise :

« Pourquoi ne prennent-ils pas le téléphérique, comme nous ? Ils seraient plus vite arrivés ! »

A peine eut-elle prononcé cette phrase, qu'une brusque secousse jeta les passagers les uns sur les autres. La cabine venait de stopper net.

Elle se balança un moment, puis demeura immobile, suspendue à son câble, tandis que les filles poussaient des cris assourdissants !

Chapitre 2

Le Chalet du Diable

« Nous sommes en panne ! » cria Ficelle.

Un employé à casquette assura que ce n'était pas grave, puis le moniteur-chef éleva la voix :

« Allons, un peu de calme, s'il vous plaît ! Inutile de hurler, nous ne courons aucun danger. »

Ficelle tourna un visage angoissé vers Françoise :

« Tu crois qu'il n'y a pas de danger ?

— Non, c'est sans doute une coupure de courant. Le pire qui puisse nous arriver, c'est de mijoter dans cette boîte pendant quelques heures. »

A ces mots, Boulotte devint très pâle.

« Ah ! mais si nous restons ici trop longtemps, je n'aurai plus rien à manger ! J'ai tout juste emporté trois paquets de biscuits, un peu de chocolat et deux tubes de lait condensé... J'ai à peine de quoi tenir pendant une petite heure...

— Peut-être, dit Françoise, que Fantômette viendra t'apporter du ravitaillement en hélicoptère...

— Fantômette ? Penses-tu ! Elle ne s'occupe que des voleurs ou des contrebandiers.

— Je n'en suis pas si sûre. Il lui arrive de porter secours à des personnes en danger.

— Alors, qu'elle se dépêche de m'apporter à manger, parce que je sens que je vais mourir de faim ! »

Et la grosse fille mordit avec vigueur dans une tablette de chocolat. L'instant d'après, la cabine vibra et reprit son mouvement ascendant. Ce nouveau départ fut salué par un « Ah ! » général de soulagement. Quelques secondes plus tard, on croisa la cabine descendante, ce qui donna une fois de plus aux filles l'occasion de crier, en agitant les mains pour dire bonjour aux touristes qui regagnaient Chamoix. Il n'y eut plus d'autre incident jusqu'à la station supérieure, où le téléphérique s'arrêta.

Les filles sortirent de la gare et s'alignèrent sur une plate-forme de béton qui s'accrochait au flanc de la montagne. De ce point, une piste skiable descendait dans la vallée. Là, les moniteurs firent l'appel — sans doute pour s'assurer que personne n'avait sauté en cours de route. L'atmosphère se composait d'un agréable mélange de soleil, d'air léger, de vent frais et de lumière.

Ficelle éternua et se moucha en grognant :

« Ça y est ! Je m'enrhume !

— Non, dit Françoise, c'est un effet de l'altitude. Ton nez va couler pendant trois ou quatre jours...

— Ah ? Merci du renseignement !

— Mais après, tu te sentiras légère comme une douzaine de papillons. »

Satisfaite par cette perspective, Ficelle cessa de geindre. Elle tourna son regard vers le sommet qui se terminait en pointe recourbée, et demanda :

« Au fait, comment s'appelle ce pic sur lequel nous montons ?

— La Dent du Diable.

— Oh ! Quel nom effrayant ! C'est vrai, cette dent a quelque chose de diabolique ! Quelle vision affreusement angoissante ! J'ai les cheveux qui se dresseraient sur ma tête si je ne portais pas un bonnet. Tu ne trouves pas ça horrible, Françoise ?

— Mais non. C'est très joli, au contraire.

— Moi, ça me fait une peur ébouriffante ! »

Françoise haussa les épaules.

« Ce que tu peux être stupide, ma pauvre Ficelle !

— Possible, mais si tu étais à ma place, tu aurais encore plus peur que moi ! »

Les filles se mirent en route vers un chalet bâti à mi-chemin entre la station supérieure et le sommet. Il fallait lever haut les pieds pour progresser dans une épaisse couche de neige poudreuse, peu propice à la marche, mais idéale pour les glissades sur skis.

Après dix minutes d'ascension, on parvint en vue du chalet. Grande, bâtisse en sapin, avec des encadrements de fenêtres peints en rouge vif et une terrasse ceinturée d'une balustrade blanche. Plaquée contre un côté, s'élevait une haute cheminée de pierres massives.

Le logis fit une bonne impression sur la petite troupe, et Ficelle déclara avec satisfaction :

« Elle me plaît beaucoup, cette maison en bois. Je me demande si elle a un nom ? »

Un des moniteurs avait entendu la phrase. Il répondit :

« On l'appelle le *Chalet du Diable.*

— Oh ! gémit Ficelle, quel nom affreux ! Il doit se passer là-dedans des choses épouvantables ! »

Rien cependant ne pouvait justifier les craintes de Ficelle. Tout autant que l'extérieur du chalet, l'intérieur était accueillant. On y trouvait une grande salle commune, aux parois faites de planches en mélèze, au plafond soutenu par de grosses poutres carrées. Une cheminée noircie par les feux de bois occupait une extrémité, et servait d'épaulement à un imposant stock de bûches.

Non loin de la cheminée se trouvaient deux cuisinières. L'une, surmontée de casseroles en cuivre rouge, était une grosse boîte rectangulaire en fonte noire et laiton jaune. L'autre, qui se tenait devant la première, était une grosse femme aux joues luisantes. C'est grâce à ses soins qu'un fumet de bonne soupe s'échappait des marmites. Désignant une cloche accrochée sur le côté de la cheminée, elle annonca :

« Quand vous entendrez la cloche, cela voudra dire que le dîner est prêt ! Encore un petit quart d'heure... »

La gourmande Boulotte chuchota à l'oreille de Ficelle :

« Un quart d'heure... je ne tiendrai jamais jusque-là... Vous avez senti ce parfum de gratin dauphinois ? Ah ! je voudrais être plus vieille d'un quart d'heure ! »

Pendant ce laps de temps, les moniteurs procédèrent à l'installation de la colonie. Installation qui se fit dans une certaine confusion, les trois hommes ne pouvant surveiller tout le monde. Mais il était prévu qu'une monitrice et une infirmière viendraient en renfort le surlendemain.

Au premier étage, une vaste chambre transformée en dortoir fut envahie par les filles, qui sautèrent sur les lits de camp pour en éprouver l'élasticité, ou fourrèrent leur tête dans les sacs de couchage pour voir si l'intérieur cachait quelque chose. A peine eurent-elles le temps d'ouvrir les valises et de commencer à en déballer le contenu, que la cloche tinta. En poussant des cris de joie, les jeunes vacancières se précipitèrent dans la grande salle, s'assirent sur des bancs devant de longues tables et se mirent à taper en cadence sur leurs assiettes avec leurs couteaux, pour exprimer l'intensité de leur appétit.

Après le dîner, les choses ne traînèrent pas. Le

sommeil se faisait déjà sentir, et bientôt les jeunes personnes se dirigèrent vers leurs lits de camp. Pour la plupart d'entre elles, c'était la première fois qu'elles entraient en contact avec un sac de couchage. En se fourrant dans le sien, Ficelle dit à Françoise :

« J'ai l'impression d'être une lettre que l'on met dans une enveloppe. Tu peux remuer les jambes, là-dedans ?

— Non, mais quand on dort bien, on ne bouge pas tellement.

— Moi, si. De temps en temps, je me réveille avec les pieds sur le traversin. Une fois, je me suis même retrouvée par terre sur la descente de lit. J'en étais tout ébouriffée ! Et une autre fois... »

Elle bâilla, ferma les yeux et s'endormit. Dans le dortoir, il y eut encore quelques rires étouffés, des propos échangés à mi-voix, puis ce fut le silence.

Dix minutes plus tard, Fantômette se réveilla.

Chapitre 3

L'étrange nuit

Fantômette ne dormait jamais complètement. Une petite parcelle de son esprit restait toujours en éveil. Son sixième sens montait la garde tout au long de la nuit.

Ce fut un crissement sur la neige durcie par le froid qui attira son attention. Avant même d'ouvrir les yeux, elle eut conscience que *quelque chose* se rapprochait du chalet. Un animal de la montagne ? Un chamois ? Un ours ? Ou un être humain ?

Elle attendit quelques instants. Etait-ce bien la peine de se lever pour aller regarder par la fenêtre ?... Il ne s'agissait peut-être que d'un bruit familier, quelque chien de garde faisant sa ronde nocturne...

Au-dehors se produisit un bruit sec, le claquement d'un verrou, puis le grincement d'une porte que l'on pousse. Non, ce ne pouvait être un animal. Fantômette sortit du sac de couchage, se leva, s'approcha de la fenêtre. Elle essuya la buée qui s'était formée sur le carreau froid. A l'extérieur, le ciel piqueté d'étoiles était d'un noir profond. La neige, grise. Dans le lointain, en bas, quelques taches jaunâtres indiquaient l'emplacement de Chamoix. Rien d'autre.

Il y eut un long moment de silence, et la jeune aventurière soupira :

« Suis-je assez bête, pour me lever à cette heure-ci, au lieu de dormir tranquillement ! Je ne suis pas encore habituée au calme de la montagne... »

Elle se recoucha et ferma les yeux. Un instant après, elle les rouvrit. Des pas assourdis, mais nettement perceptibles, parvenaient à son oreille, indiquant une présence humaine. Fantômette écouta, attentivement.

« Il y a un homme... non, plusieurs... combien sont-ils ? deux... trois... »

Un craquement se produisit dans l'escalier menant au second étage, là où les moniteurs s'étaient installés. Un instant de calme, puis une autre série de craquements, une porte qui claque, des bruits de voix atténués par l'épaisseur du plafond. Après une sorte de choc, comme en produirait un meuble que l'on renverse, d'autres claquements encore, des exclamations et des cris.

« Bon sang ! Que se passe-t-il là-haut ? Il faut que j'aille voir ça de plus près ! »

Fantômette sauta hors de son lit, traversa le dortoir sur la pointe des pieds, ouvrit la porte. Les bruits lui parvinrent plus distinctement. Selon toute apparence, on se battait à l'étage supérieur. La jeune aventurière allait gravir l'escalier, lorsqu'une lumière jaillit en haut des marches. Elle recula rapidement et revint dans le dortoir, dont elle rabattit la porte, sans toutefois la fermer complètement. A travers l'entrebâillement, elle put ainsi observer un étrange spectacle.

Deux hommes sortaient de la chambre des moniteurs. Ils portaient un troisième individu (endormi, évanoui ou peut-être mort !). L'un le tenait par les épaules, l'autre par les jambes. Le curieux trio descendit l'escalier et passa à faible distance de Fantômette, qui perçut une bizarre odeur de produit chimique.

« Ça sent le chloroforme ! Ce bonhomme vient sans doute d'être endormi ! Je voudrais bien voir sa tête... »

Mais comme l'escalier formait un coude, la lumière issue de l'étage laissait dans l'ombre la partie basse, et Fantômette ne put voir aucun détail. Les trois hommes s'éloignèrent.

« Il se produit d'étranges choses dans ce chalet ! Si je comprends bien, il y a eu une bagarre, et on vient d'évacuer un blessé... plus ou moins endormi ! »

Un moment après, deux silhouettes remontèrent l'escalier, retournèrent dans la chambre des moniteurs, et le même manège recommença. Fantômette étouffa une exclamation :

« Comment ! Ils descendent encore un chloroformé ! »

Effectivement, les deux hommes transportaient un corps aussi inerte que le premier. Ils disparurent dans le noir, puis remontèrent quelques instants plus tard. Toujours dissimulée derrière la porte du dortoir, Fantômette agitait vivement ce qu'elle appelait les muscles de son cerveau, pour essayer de comprendre. Ses réflexions furent interrompues par une nouvelle apparition des deux individus qui, une fois de plus, *portaient un corps inerte*.

La jeune fille se mordit les lèvres.

« Ah ! ça mais ! Que s'est-il passé, là-haut ? Nous avons affaire à de drôles de moniteurs ! Si je comprends bien, ils se sont battus avec des gens venus de l'extérieur, *mais je ne sais pas qui a gagné !* J'ai bien envie d'aller jeter un coup d'œil dans leur chambre... »

Elle sortit du dortoir, monta quelques marches, tourna le coude de l'escalier... et s'arrêta net.

Un homme se tenait sur le palier.

Il grogna :

« Où allez-vous ? Retournez vous coucher immédiatement ! »

Fantômette tressaillit. Elle eut soudain l'impression d'avoir déjà entendu cette voix. Elle chercha à distinguer le visage du moniteur — mais était-ce un moniteur ? — et ne put voir ses traits, car un bonnet enfoncé sur les oreilles lui cachait une grande partie de la tête. Elle fit demi-tour, tandis que l'homme proférait une menace :

« Et ne sortez plus, sinon vous aurez affaire à moi ! »

A l'instant où elle franchissait la porte du dortoir, elle entendit remonter les deux autres individus. Puis tous trois retournèrent dans la chambre du haut, et ce fut le silence.

Fantômette regagna son sac de couchage, réfléchit :

« Voyons... qui a été blessé ? Nos moniteurs ? Ou au contraire ont-ils assommé ou endormi les visiteurs ? De curieux visiteurs en tout cas, puisque l'entrevue s'est plutôt mal terminée... Je voudrais bien savoir où les victimes ont été emmenées... Dans quelque cave, peut-être... ou au-dehors ?... Maintenant que tout le monde s'est couché, je vais pouvoir ressortir pour faire une petite enquête... »

Elle quitta son lit, s'approcha de la porte, posa sa main sur la poignée, appuya et grogna :

« Mille millions de sapristis ! »

La porte était fermée à clef.

Chapitre 4

Fantômette entend des voix

« Oh ! oh ! Ces messieurs ne veulent pas que nous allions tirer au clair les diableries de ce chalet... Très bien. Passons par la fenêtre. »

Pour ne pas que le froid la saisisse, elle revêtit le costume qu'elle mettait toujours lors de ses expéditions nocturnes, agrafa sur ses épaules une large cape de soie rouge et noire, puis ouvrit délicatement la fenêtre...

Elle se retourna pour s'assurer qu'aucune des filles ne l'observait. Des respirations régulières et quelques ronflements démontraient que le dortoir était plongé dans un sommeil profond. Même les bruits de la bataille n'avaient réveillé personne.

« Allons-y ! »

Elle enjamba la fenêtre, posa le pied sur une étroite corniche qui marquait la séparation entre le premier et le second étage, puis, en s'accrochant aux planches dont la façade était faite, progressa jusqu'à la cheminée. Ses grosses pierres irrégulières en facilitaient l'escalade. Quelques instants plus tard, la jeune aventurière se trouva sur le toit couvert de neige. Elle allait ramper pour atteindre une lucarne, lorsqu'un murmure lui parvint. Un bruit de voix assourdies. Pourtant, un coup d'œil aux alentours lui confirma qu'elle était seule.

« Bizarre... Je suis donc comme Jeanne d'Arc, qui entendait des voix ?... Je me demande d'où cela peut venir... »

Soudain, elle comprit : *la cheminée !* Les sons provenaient du second étage, montaient jusqu'au niveau du toit, sortaient sous le chapeau de tuiles qui coiffait l'ouverture. Fantômette approcha son oreille et put entendre clairement — grâce au silence de la nuit — une conversation que les premiers mots révélèrent comme particulièrement intéressante. Un homme posait des questions, un autre répondait :

« Vous pensez que notre petite affaire va marcher ?

— Evidemment. Si je me lance dans une entreprise aussi délicate, c'est pour réussir !

— Pourtant, c'est ce que vous disiez la dernière fois, et nous nous sommes retrouvés entre les quatre murs d'une cellule.

— A cause de cette maudite Fantômette ! Sans elle, tout aurait marché comme sur des patins à roulettes...

— Alors, vous croyez que maintenant... ?

— Je ne crois pas, je suis sûr. Elle n'est pas là pour saboter notre travail, donc tout ira bien. »

Sur le toit, Fantômette esquissa un sourire. Elle venait de reconnaître la voix qui avait prononcé les derniers mots.

« C'est le Furet ! Il bavarde avec son complice, le prince d'Alpaga. Un troisième bandit doit se trouver avec eux, le gros Bulldozer. »

Le Furet ! Un affreux malfaiteur au regard méchant, au nez pointu, contre lequel Fantômette devait lutter sans cesse ! Le dernier combat avait eu lieu sur les bords de l'Atlantique, à grand renfort de scaphandres, de canots pneumatiques et de vedettes. La jeune justicière avait fait échouer l'entreprise de ses adversaires, mais voici qu'ils reparaissaient une fois de plus !

« Qu'est-il donc en train de mijoter ? Encore une de ses inventions malhonnêtes, sûrement ! »

Le silence s'établit pendant un moment, puis la voix du Furet s'éleva de nouveau :

« Mon cher prince, tu as pu constater que, jusqu'à présent, tout se déroule selon nos plans.

— Oui, mais les risques sont gros...

— Et les gains, donc ! Tu n'as pas calculé ce que nous allons gagner ? Une fortune, mon cher, une vraie fortune ! Et grâce à moi, grâce à mon esprit inventif, à mon cerveau génial.

— Il faut reconnaître que vous avez eu une idée extraordinaire, mon cher Furet.

— Oui, extraordinaire. C'est le mot. Comme toutes mes idées, d'ailleurs. Je le dis modestement. Mais assez bavardé ! Faisons comme le gros Bulldozer, dormons !

— Bonne nuit, chef !

— Bonne nuit. »

Il n'y avait plus rien à apprendre. Fantômette redescendit le long de la cheminée, longea la façade en sens inverse et repassa par la fenêtre. Personne dans le chalet ne semblait avoir remarqué son escapade. Elle se déshabilla, se glissa dans le sac de couchage et réfléchit.

« Que le Furet et sa bande soient en train de préparer un mauvais coup, c'est certain. Mais lequel ? Avec ces messieurs, on ne sait jamais ce qui va arriver... Et cela ne m'explique pas le va-et-vient qui s'est produit tout à l'heure... J'ai l'impression qu'ils ont assommé nos moniteurs... Et je ne peux rien faire pour eux en ce moment... Il faut attendre l'instant favorable... Bien, attendons ! »

Elle se tourna sur le côté droit, cacha son nez sous la couverture et s'endormit.

Aucune âme ne veilla plus dans le Chalet du Diable.

Chapitre 5

Une brillante leçon de ski

Quand le soleil se lève sur les Alpes, les vallées sont encore enfoncées dans une brume grisâtre. Mais les sommets aigus se colorent de teintes flamboyantes, où le rose et l'orangé se mêlent au pourpre et à l'or. Si quelque nuage passe, il barbouille de mauve la crème glacée qu'un pâtissier géant a déposée sur les pics.

Ce panorama fut admiré par la grande Ficelle, tôt réveillée. Elle secoua Françoise qui dormait profondément, lui hurla dans l'oreille :

« Hé ! Debout tout de suite ! Viens contempler une magnifique carte postale ! »

Françoise émit un grognement et s'enfonça

plus profondément dans le sac de couchage. Ficelle se tourna alors vers Boulotte.

« Holà, grosse bonbonne ! Regarde ces montagnes, si elles sont ébouriffantes ! »

La bonbonne ne bougea pas d'un millimètre.

« Ah ! vous n'avez pas l'œil d'un artiste ! Moi, j'ai l'œil fortement artistique ! »

Les exclamations de Ficelle contribuèrent à tirer de leur sommeil les autres filles. Elles bâillèrent, effectuèrent quelques mouvements de pandiculation[1], et peu à peu se levèrent, encouragées par une voix qui criait :

« Allons, debout tout le monde !

— Tiens ! dit Ficelle, nous avons un nouveau moniteur ? »

Elle regarda plus attentivement l'homme qui venait d'entrer, poussa un cri et se jeta sur Françoise pour la secouer en balbutiant :

« Oh ! tu as vu ? Ce n'est pas possible ! »

La brunette regarda vers l'extrémité du dortoir. L'homme qui venait de parler, c'était le Furet ! Ficelle se fourra soudainement la tête dans son sac, comme une autruche. Son affolement était bien compréhensible. En compagnie de Françoise et de Boulotte, elle avait déjà eu affaire au

1. Le dictionnaire révèle que c'est l'action de s'étirer.

terrible bandit. Elle avait même facilité son arrestation[1].

Derrière le Furet apparut un homme mince, qui portait avec élégance un complet bleu ciel orné d'un col blanc. Il était accompagné d'un gros homme massif aux épaules de catcheur.

Ficelle avait sorti la tête du sac et fixait sur eux des yeux qu'arrondissait l'épouvante.

« Le prince d'Alpaga !... Bulldozer !... Toute la bande !... Ils vont nous tuer pour se venger ! »

---

1. Voir : *Opération Fantômette.*

Le Furet venait d'observer l'ensemble du dortoir. Son regard perçant se posa sur le petit groupe que formaient Ficelle, Françoise et Boulotte. Il sursauta, pinça ses lèvres minces, réfléchit une seconde, puis s'avança résolument. Affolée, Ficelle escamota de nouveau sa tête dans le sac de couchage. Souriant, le Furet s'approcha et expliqua à mi-voix :

« Ne craignez rien, nous n'avons pas l'intention de vous faire du mal. On nous a libérés sur parole, et maintenant nous sommes moniteurs de ski. Vous voyez que c'est un métier bien honnête, n'est-ce pas ? »

Françoise approuva d'un signe de tête et demanda :

« Mais les trois moniteurs blonds qui nous ont amenés ici, où sont-ils ?

— Leur rôle est terminé désormais. Ils sont redescendus à Chamoix, par le téléphérique. Maintenant, c'est Alpaga, Bulldozer et moi qui allons nous occuper de la colonie pendant tout son séjour au chalet. »

Ficelle sortit timidement sa tête et dit en hésitant :

« C'est... c'est bien vrai ?... Vous n'allez pas vous... venger ? »

Le Furet se mit à rire.

« Allons donc ! Vous plaisantez ?... Bien sûr, il y a eu autrefois un petit malentendu entre nous, mais maintenant c'est oublié. Allons, faites un brin de toilette, et que tout le monde vienne dans la grande salle pour le petit déjeuner ! »

A ces mots, la gourmande Boulotte sauta vivement hors de son lit de camp en poussant un cri de joie. Du moment qu'il était question de petit déjeuner, tout allait bien. Ficelle, à la fois surprise et rassurée, se tourna vers Françoise :

« Tu as entendu ? Nous allons avoir d'anciens bandits comme moniteurs ! C'est ébouriffant !

— Oui. J'espère qu'ils ont *réellement* cessé d'être des bandits...

— Oh ! c'est sûr ! Sinon ils seraient encore en prison. »

Les jeunes personnes se frictionnèrent rapidement le bout du museau. Après cette toilette minutieuse, elles se ruèrent vers la salle commune, où la cuisinière avait préparé une imposante quantité de café au lait. Boulotte fut ravie de boire du lait provenant de véritables vaches d'alpages, bien supérieur à celui que l'on trouve en ville dans des boîtes pyramidales en carton étanche.

Le Furet, Bulldozer et le prince d'Alpaga avaient pris place à une petite table séparée et mangeaient de fort bon appétit. Ficelle les considéra un instant et se pencha vers ses deux amies pour leur confier :

« A les voir comme ça, on ne croirait jamais que ce sont des ex-horribles malfaiteurs ! Si nous racontions aux autres filles qu'ils ont essayé cent fois de nous assassiner, elles ne voudraient jamais nous croire ! »

Son petit déjeuner terminé, le Furet claqua des mains.

« Maintenant, vous pouvez aller jouer dehors. Mais ne vous éloignez pas du chalet, il y a des crevasses dangereuses et vous risqueriez d'y tomber. »

Une des filles, qui avait sur le nez une très jolie collection de taches de rousseur, leva le doigt :

« Monsieur, est-ce que vous allez nous donner des leçons de ski ?

— Des leçons de ski ?

— Oui, m'sieur. Les moniteurs nous avaient dit qu'on nous apprendrait à skier... »

Pendant une seconde, le Furet eut l'air embarrassé. Mais il se ressaisit très vite :

« Bien sûr, nous allons vous apprendre. Heu... Bulldozer, tu montreras à ces demoiselles comment on s'y prend...

— Qui ? Moi ?

— Oui, bien sûr.

— Mais... je ne sais pas... »

D'un geste impératif, le chef fit signe au grand gaillard de ne pas insister. Sans enthousiasme, Bulldozer se dirigea vers une sorte de remise proche de la grande salle. Désignant un râtelier où s'alignaient les paires de skis, il grogna :

« Voilà ! Vous mettez ces planches à vos pieds, vous prenez à la main ces espèces de bouts de bois, et hop ! vous glissez sur la neige. Ce n'est pas bien sorcier... »

La colonie sortit du chalet en poussant des cris de joie. La brume du matin se dissipait. Le soleil faisait scintiller les stalactites de glace qui pendaient à la balustrade, aux gouttières du toit ou aux branches des épicéas.

Françoise chaussa ses skis, boucla les courroies destinées à les empêcher de s'échapper en cas de chute, abaissa sur ses yeux des lunettes noires et s'élança sur une pente qui s'achevait à la lisière d'une forêt proche.

Ficelle la regarda faire en ouvrant une bouche ronde.

« Oh ! Tu as vu ça, Boulotte ? Françoise sait faire du ski ! Elle ne me l'avait pas dit... En tout cas, ça ne me paraît pas bien sorcier, comme dit Bulldozer. »

Elle examina les fixations, fronça le sourcil.

« Voyons... Il faut d'abord que je coince ma grande godasse dans ce machin... Oh ! là ! là ! C'est un truc tout juste bon pour se faire pincer les doigts ! »

Après beaucoup d'efforts, et grâce à l'aide de Boulotte, elle réussit à mettre le premier ski, puis le second.

« Victoire ! Ça y est ! »

Elle se releva fièrement, fit un pas... et tomba sur le derrière !

« Aïe ! Mais ça glisse !

— Il me semble que c'est fait pour ça », commenta Boulotte.

Ficelle se releva avec précaution, prit ses bâtons et partit sur les traces de Françoise. On la vit parcourir ainsi cinq ou six mètres, battre l'air de ses bras et s'effondrer les quatre pattes en l'air. Boulotte vint l'aider à se relever, et la grande Ficelle constata d'un air penaud :

« Ça n'a pas l'air aussi facile qu'on pourrait le croire !

— Attends, nous allons descendre en nous soutenant toutes les deux.

— Bonne idée ! »

Boulotte avala le morceau de chocolat blanc qu'elle était en train de croquer et mit ses skis. Puis les deux filles se tinrent la main et entreprirent une nouvelle descente. Elles réussirent ainsi à parcourir une dizaine de mètres avant de se heurter, de perdre l'équilibre et de s'effondrer dans un enchevêtrement inextricable de bras, jambes, skis et bâtons !

Françoise, qui venait de remonter la pente, assista à l'atterrissage forcé en éclatant de rire.

« Bravo ! Encore quelques petits essais, et vous serez bonnes pour les Jeux Olympiques ! »

Au pied du chalet, le gros Bulldozer encourageait les efforts des débutantes de la voix, mais non du geste. Comme il venait pour la première fois à la montagne, il s'était bien gardé de fixer à ses chaussures quoi que ce soit qui pût ressembler à une paire de skis. Quant au Furet et au prince d'Alpaga, ils étaient restés à l'intérieur de la bâtisse.

La matinée passa très vite. L'absence de moniteurs qualifiés n'avait guère gêné les filles qui s'étaient amusées comme des écervelées, courant, glissant, tombant et riant aux éclats. L'appétit stimulé par le grand air et le mouvement, elles avaient englouti le déjeuner. Boulotte s'était particulièrement distinguée dans cet exercice, mangeant à elle seule une triple ration.

A la fin du repas, le Furet fit une annonce :

« Cet après-midi, nous contournerons le sommet de la Dent du Diable pour voir ce qu'il y a sur l'autre versant. Nous ferons aussi une petite opération stratégique que je vous expliquerai. Pour l'instant, vous avez droit à une sieste digestive. »

Les trois hommes montèrent dans la chambre du second étage, et les filles se rendirent au dortoir. Quelques-unes s'allongèrent sur leur lit ;

d'autres écrivirent des lettres ou se livrèrent à cette agréable occupation qu'est le bavardage. Ficelle prit son transistor et tourna le bouton.

C'est alors qu'un fait bizarre se produisit.

Chapitre 6

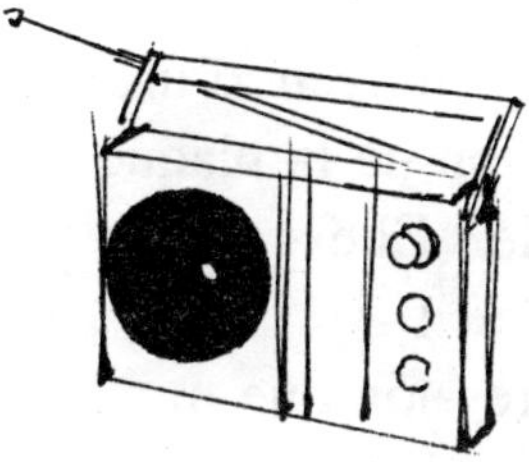

Le mystère des transistors

Le transistor resta muet.

Ficelle éteignit, ralluma, tourna le bouton de recherche des stations, puis secoua le poste sans résultat.

« Pâte à papier ! Il est en panne !

— La pile est peut-être à plat, dit Boulotte qui suçait des bonbons au miel des Alpes.

— Non, je l'ai changée avant de partir. Elle est neuve. Je me demande si ce n'est pas une panne de carburateur...

— Tu crois qu'il y a des carburateurs dans les transistors ?

— Peut-être. L'autre jour, la voiture de mon

oncle est tombée en panne à cause du carburateur.

— Une voiture, ce n'est pas la même chose qu'un poste !

— Mais si, puisque ça peut aussi tomber en panne. »

Françoise intervint.

« Fais voir ton poste, Ficelle... »

Françoise prit l'appareil et, au moyen d'une pièce de monnaie, dévissa le boulon de la plaque fermant le logement de la pile. Elle regarda l'intérieur, puis dit avec un sourire :

« Ma vieille Ficelle, j'ai l'impression que tu as enlevé la pile, peut-être pour la changer, mais que tu as oublié d'en remettre une neuve...

— Quoi ? »

Ficelle regarda à son tour et s'écria :

« Ce n'est pas possible. Je suis sûre d'avoir mis une pile neuve à la maison, avant de partir. J'ai même eu un mal fou à la faire rentrer, parce que je l'avais coincée de travers... et d'ailleurs... »

Elle se frappa le front.

« La pile était bien dedans quand nous sommes venues ici, puisque j'ai fait marcher le poste dans l'autocar ! »

Françoise fronça les sourcils.

« Tiens ! C'est vrai. Tu as raison...

— J'ai toujours raison. Quelqu'un a pris ma pile ! Ah ! ça ne va pas se passer comme ça ! Je vais faire fouiller tout le monde ! C'est une honte d'être la pauvre victime des voleurs de piles ! Je vais...

— Attends, calme-toi...

— Non, je ne me calmerai pas ! Je suis sûre que c'est la petite rouquine qui me l'a prise !

— Zézette ?

— Oui.

— Pourquoi ?

— *Elle aussi a un poste.*

— Cela ne prouve rien, voyons !

— Mais si ! Sa pile devait être à plat, et elle a trouvé tout simple de me piquer la mienne ! Je vais lui faire manger de la neige ! »

Furieuse, elle traversa le dortoir à l'extrémité duquel la rousse Zézette lisait tranquillement un illustré, assise sur son lit. Ficelle l'interpella :

« Fais voir ton poste ! »

Etonnée, Zézette leva les yeux.

« Comment ?

— Fais-moi voir ton transistor tout de suite ! Je veux voir ce qu'il y a à l'intérieur !

— Mais... que veux-tu qu'il y ait ?

— Quelque chose que tu m'as pris.

— Moi ? Je ne t'ai rien pris du tout !

— Si ! Fais-le voir ! »

Zézette haussa les épaules et sortit le poste d'une valise.

« Le voilà ! Regarde toi-même. »

La discussion avait attiré l'attention des autres filles. Bientôt, toute la colonie se trouva réunie autour de Ficelle, qui dévissa le panneau du poste comme l'avait fait Françoise. Elle poussa une exclamation de surprise.

« Oh ! il n'y a plus de pile ! »

Zézette regarda.

« Tiens ! En effet... Pourtant il y en avait une hier... Où est-elle passée ? »

Françoise s'était adossée à une fenêtre. Elle sifflotait entre ses dents, tout en tortillant une de ses boucles noires autour de son index. Soudain, elle éleva la voix :

« Ecoutez, quelles sont encore celles qui ont apporté un transistor ici ?

— Moi ! fit une petite blonde à lunettes, j'ai un mini-poste japonais.

— Vérifie s'il fonctionne. »

La petite blonde courut chercher un poste à peine plus gros qu'un paquet de cigarettes et tourna le bouton.

« Oh ! il ne marche plus ! »

Une fois l'appareil ouvert, on constata que la pile s'était envolée. Ficelle s'exclama :

« C'est ébouriffant ! Il y a dans ce chalet un détrousseur de transistors ! Ou une détrousseuse... Allons, que celle qui a volé les piles lève la main ! »

Aucune main ne se leva.

« Evidemment, elle ne veut pas se dénoncer ! Puisque c'est comme ça, je vais le dire à nos moniteurs ! »

Elle se ravisa brusquement, s'approcha de Françoise et la prit à part pour lui confier :

« Dis donc, c'est peut-être le Furet qui a fait le coup ? C'est un voleur professionnel, lui ! »

Françoise fit la moue.

« Cela me paraît bien douteux... Que veux-tu qu'il fasse avec des piles ? Ce n'est pas ce genre de choses qui l'intéresse habituellement. Il préfère les diamants, l'or ou les bijoux.

— Alors ?

— Alors, je n'en sais pas plus que toi. »

La grande Ficelle soupira.

« Ah ! si Fantômette était là, elle saurait bien l'éclaircir, ce mystère ! »

Chapitre 7

Un exercice stratégique

« Rassemblement, mesdemoiselles, rassemblement ! cria le Furet en claquant des mains. Nous allons explorer les hauts sommets ! »

Cette déclaration fut accueillie par un « Ah ! » général de satisfaction. On se bouscula pour mettre les grosses chaussures, les bonnets, les moufles. Quand tout le monde fut équipé, on sortit du chalet, et une colonne se forma pour se lancer à l'assaut de la montagne.

En fait, il ne s'agissait pas d'escalader le sommet de la Dent, ce qui eût nécessité du matériel, des cordes et des crampons ; mais simplement de tourner autour.

Le Furet marchait en tête, tenant d'une main un plan de la région, de l'autre une paire de jumelles. Derrière lui allait le gros Bulldozer. Le prince d'Alpaga ne faisait pas partie de l'expédition ; il était resté au chalet. Venait ensuite la colonne des filles. Elles chantaient le refrain bien connu : « Faire du traîneau, c'est rigolo ! »

« Un traîneau, dit Ficelle, je voudrais bien en avoir un. Je le ferais tirer par une douzaine de saint-bernard et hop ! Je me laisserais glisser sur la neige sans me fatiguer. On ne pourrait pas en fabriquer un avec une paire de skis ?

— Peut-être, répondit Françoise, mais où trouverais-tu douze chiens ?

— Je pourrais à la rigueur m'en passer... Toi et Boulotte me prendriez en remorque... Tu te ferais les muscles et Boulotte perdrait sa graisse.

— Merci pour ta généreuse proposition ! »

Le contournement de la Dent du Diable demanda une bonne demi-heure. Quand toute la troupe se trouva réunie sur l'autre versant, le Furet ordonna une halte. Il grimpa sur un piton rocheux et prit ses jumelles pour examiner la vallée qui s'étendait à ses pieds, désignée sur les cartes de la région sous le nom de Vallée des Sapins. Un grand nombre de ces arbres la garnissaient, tantôt isolés, tantôt se groupant en bouquets ou en massifs plus épais. Çà et là, des roches émergeaient de la neige ; des creux remplis d'ombre révélaient la nature tourmentée de la pente qui interdisait à cet endroit la pratique du ski. Un peu plus bas, le versant était coupé par une très longue faille qui s'étendait jusqu'à Chamoix. De telle sorte que la seule voie d'accès au chalet était le téléphérique. Cet énorme coup de hache dans la Dent s'appelait crevasse de Coryza, nom du village s'étendant au-delà, dans le creux de la vallée.

Le Furet parut satisfait de son inspection, car un fin sourire se dessina sur ses lèvres minces. Il se tourna vers les filles et dit d'une voix claironnante :

« Mesdemoiselles, nous allons organiser un petit jeu.

— Aaaah ! fit le chœur des filles.

— C'est une sorte de jeu de cache-cache un peu particulier dont je vais vous expliquer les règles. »

La colonie forma un cercle, en se rapprochant du Furet pour mieux entendre ses explications. Il tendit le bras, désignant un rocher pointu qui s'élevait au bord de la faille.

« Vous voyez cette espèce de rocher en pointe, là-bas ?

— On dirait une pyramide, remarqua Ficelle.

— C'est vrai. Appelons-le la pyramide. Avec mon collègue, je vais me rendre à cet endroit. Dès que nous y serons, je lancerai un coup de sifflet. Et vous toutes devrez descendre la *pente sans que nous puissions vous voir*.

— Il faudra se cacher, alors ? demanda Ficelle.

— Bien sûr. Glissez-vous derrière les arbres, les bosses du terrain. Au besoin, rampez dans la neige. Vous devez vous rapprocher de la pyramide, tout en restant cachées le plus longtemps possible. Dispersez-vous, ne suivez pas toutes le même chemin. Compris ?

— Oui, oui ! firent les filles.

— Très bien. Je vais déclencher mon chronomètre. Vous pouvez commencer tout de suite à vous cacher. »

Tandis que la colonie se dispersait, le Furet et Bulldozer descendirent rapidement vers la pyramide. Bulldozer grogna :

« Chef, qu'est-ce que ça veut dire, tout ça ? Vous mijotez un nouveau truc ? Ça ne m'amuse pas du tout de jouer à cache-cache avec ces gamines !

— Oh ! moi non plus. Mais je ne fais pas cela

pour m'amuser. Cet exercice est prévu dans mon plan.

— Quel plan, chef ?

— Le mien.

— Ah ? Je ne comprends pas très bien ce que vous préparez...

— Ne cherche pas à comprendre. Mon cerveau se charge de tout, et cela doit te suffire.

— Bien, chef. C'est un plan génial, au moins ? »

Le Furet eut un sourire.

« Evidemment. »

Bulldozer réfléchit une seconde, et grogna :

« L'ennuyeux, chef, c'est que vos plans géniaux finissent toujours par nous conduire en prison... »

Le Furet se renfrogna. Il haussa les épaules, prit les jumelles et commença à observer les mouvements stratégiques de la colonie.

*

* *

L'annonce d'un jeu de cache-cache avait rempli Ficelle et Boulotte d'enthousiasme. L'idée ne les avait pas effleurées que les bandits, bien loin de remplir une fonction de moniteurs honnêtes et consciencieux, préparaient peut-être quelque machination trouble. En revanche, Françoise restait sur la réserve. Elle scrutait le visage du Furet pour tâcher d'y découvrir les traces d'une nouvelle fourberie. Cependant le Furet semblait prendre son rôle avec une bonhomie souriante...

« Bah ! on verra bien... » se dit la brunette, en suivant les traces de Ficelle qui déjà se glissait derrière un fourré saupoudré de frimas. Les autres filles se dispersaient dans la nature, cherchant le couvert des troncs, masquant leurs déplacements derrière les irrégularités du relief. A quatre pattes dans la neige, Boulotte progressait en mâchant avec énergie un gros morceau de caramel mou qu'elle avait acheté à Chamoix. Ficelle se disait que, si elle était invisible, personne ne la verrait. Réflexion évidente apparemment, mais point aussi absurde qu'on eût pu le croire. Car on peut devenir invisible lorsqu'on est sur la neige : il suffit d'*être blanc*. C'est d'ailleurs ce que les ours polaires ont compris depuis longtemps. La couleur blanche de leur fourrure leur assure un parfait camouflage. Ficelle pensa :

« Il faudrait que je sois enveloppée dans une sorte de manteau blanc. »

Le Furet faisait exactement la même réflexion. Il dit à son complice :

« On ne les voit presque pas, et si elles étaient vêtues de blanc, on ne les verrait pas du tout... Je crois qu'il y a là une idée à creuser... »

Le gros Bulldozer fourragea dans sa tignasse et grommela :

« Chef, je ne comprends toujours pas pourquoi vous leur faites faire cet exercice... Ça me rappelle l'armée, quand il fallait se déplacer en rampant pour que l'ennemi ne nous découvre pas...

— C'est précisément ce genre d'exercice qui m'intéresse. Je veux en trouver une qui soit capable de venir depuis le chalet jusqu'ici sans se faire voir.

— Se faire voir par qui ?

— Tu le sauras plus tard, mon gros. »

Le Furet reprit ses jumelles.

« Ah ! en voici une qui avance sur une zone découverte... Et celle-ci ne se baisse pas assez, j'aperçois le haut de son bonnet... Je choisirai celle qui arrivera ici la première. »

Une minute plus tard, une voix cria :

« Coucou ! » dans le dos des deux hommes. Ils se retournèrent. Françoise était là, adossée à la pyramide, souriante. Le Furet s'exclama :

« Par exemple ! Comment vous y êtes-vous prise ? Nous ne vous avons pas vue !

— J'ai fait ce que vous m'avez recommandé. J'ai utilisé les bosses et les creux du terrain pour me cacher.

— Bravo ! Vous êtes aussi adroite qu'un renard. Et vous vous appelez ?... Françoise, je crois ?

— Oui, c'est mon nom. »

Il arrêta le chronomètre et dit :

« Puisque vous avez été la première à effectuer le parcours fixé, c'est vous que je choisis pour être la pionnière du grand jeu qui aura lieu demain. Entendu ?

— Oui, mais que va-t-elle faire, cette pionnière ?

— Elle devra transporter secrètement un paquet depuis la station du téléphérique jusqu'ici.

— Bon. Ce ne doit pas être bien difficile. Et que contiendra ce paquet ?

— Ah ! c'est la surprise. Le paquet ne devra être ouvert qu'à la fin du jeu. »

Une silhouette surgit à quelques mètres devant la pyramide. C'était Zézette, qui s'était approchée en se dissimulant derrière un boqueteau. Peu à peu, d'autres filles apparurent, et bientôt toute la colonie se trouva réunie au pied de la pyramide.

« Ce n'était pas mal du tout, approuva le Furet.

Ceci fait partie d'un grand jeu qui aura lieu bientôt, lorsque nous aurons établi un téléphérique. »

Ce fut un cri de surprise général.

« Un téléphérique, s'écria Ficelle, c'est ébouriffant ! On pourra monter dedans ?

— Non, non ! Nous n'allons pas construire un appareil à cabine comme celui que nous avons pris. Nous allons faire une petite benne qui nous permettra de... »

Il marqua un temps d'arrêt. Les filles écoutaient de toutes leurs oreilles. Le Furet hocha la tête.

« Pour l'instant, je garde le secret...

— Oh ! fit le chœur des filles.

— Vous saurez tout demain. En attendant, je vous félicite pour la ruse que vous avez montrée en profitant du terrain, comme disent les militaires. Maintenant, nous allons rentrer au chalet. »

Le retour se fit dans un grand brouhaha de conversations. Le Furet prit Françoise à part et demanda :

« Dites-moi, seriez-vous assez habile pour vous confectionner une sorte de manteau blanc qui vous envelopperait ?

— Pour me camoufler ?

— Oui.

— Je pense, oui. Avec des chiffons et du papier, je peux me tailler un survêtement. Je ne dis pas que ce sera très solide...

— Aucune importance ! C'est juste pour le jeu. Vous n'aurez à le porter qu'une fois.

— Bon, alors ce sera facile.

— Très bien ! Vous verrez, nous allons bien nous amuser... »

Il accompagna cette phrase d'un sourire bizarre qui n'échappa point à la brunette, puis s'approcha de Bulldozer, lequel continuait à se demander quel but son chef cherchait à atteindre. Le Furet dit à voix basse :

« Mon bon gros, nous allons réaliser la plus belle opération de notre carrière ! Jusqu'à présent, tout tourne rond. Que chacun fasse son travail, et ça ira bien. »

Bulldozer hocha la tête.

« Moi, je veux bien faire ce que vous me demanderez, mais le prince d'Alpaga, lui, il est en train de se tourner les pouces ! C'est le champion de la flemme, celui-là ! »

Le Furet fronça les sourcils.

« Tu te trompes. Alpaga obéit à mes ordres.

— Il ne fait rien.

— Erreur ! *Il veille.*

— Heu ?

— Mais oui. Pourquoi crois-tu qu'il soit resté au chalet ? Tu sais bien qu'*on ne peut pas les laisser sans surveillance ?* »

Le visage du gros homme s'éclaira.

« Ah ! c'est vrai, chef, vous avez raison...

— J'ai toujours raison. Rien ne peut s'opposer à notre réussite. »

Bulldozer gratta le bout de son nez, hésita, puis dit :

« Chef, nous avons de la chance.

— De la chance ? Pourquoi ?

— Eh bien... si Fantômette était dans les parages, elle pourrait nous causer des ennuis... »

Le Furet ricana.

« Fantômette ? Allons donc ! Il y a longtemps qu'elle nous a oubliés... Nous sommes tranquilles ! »

Le Furet eût été beaucoup moins rassuré s'il avait su que Fantômette, en ce même instant, *ne le quittait pas du regard !*

Chapitre 8

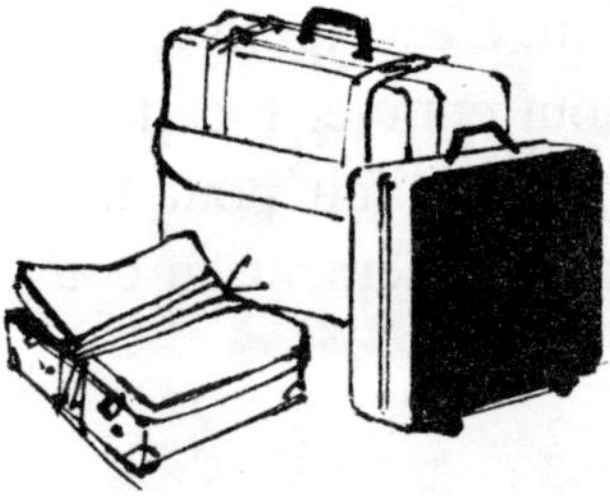

Les trois valises

« Et comment l'avez-vous préparée, cette fondue ? demanda Boulotte à la cuisinière.

— C'est bien simple, ma petite demoiselle, je mets dans la marmite moitié de gruyère et moitié d'emmenthal émincés, j'ajoute du sel, du poivre, du vin blanc, je fais cuire à feu très doux en remuant bien avec une grande cuiller en bois. Il ne faut pas qu'il y ait de grumeaux, vous savez ? Puis j'ajoute un peu de kirsch... »

Les jeunes convives piquaient des petites tranches de pain sur leur fourchette, les plongeaient dans la grande marmite et les ressortaient en allongeant le bras, étirant le fromage en fils interminables. Le tout accompagné de rires et de petits cris. Dans la cheminée, des bûches de sapin pétillaient en lançant des flammes rouges qui, par contraste, semblaient rendre la nuit plus noire et plus froide.

Après la fondue, un riz au lait fut servi. Et après le riz au lait, Zézette entreprit de chanter le grand air « Faire du traîneau, c'est rigolo », repris en chœur par la colonie tout entière. Ficelle, qui chantait sur un mode aigu bien fait pour transpercer les tympans, se tut brusquement en consi-

dérant un coucou accroché au centre de la cheminée.

« Oh ! il est neuf heures ! Taisez-vous, taisez-vous ! Il y a *Musicoscope* à la télé !

— Mais oui ! C'est vrai ! s'écrièrent les filles, on veut voir *Musicoscope* ! M'sieur, on peut ? »

Le Furet fit un geste négatif.

« Impossible ! »

« Oh ! » collectif de déception.

Le Furet consentit à expliquer :

« Ce n'est pas que je veuille vous empêcher de voir cette émission, mais le téléviseur est en

panne. J'ai essayé de le faire marcher tout à l'heure, et il refuse de s'allumer. Tenez, vous allez voir... Ou plutôt, vous n'allez rien voir du tout... »

Il appuya sur la touche de contact, attendit. Aucun son ne se fit entendre, aucune image n'apparut.

« Voilà, pas de son, pas d'image. Je regrette... Mais vous pouvez continuer de chanter, si ça vous amuse. »

Profitant de la permission, les jeunes vacancières se consolèrent en hurlant de plus belle l'air du traîneau. Bientôt assourdis, le Furet et ses complices battirent en retraite et montèrent dans leur chambre. Quand elles eurent suffisamment fatigué leurs cordes vocales, les filles mirent une sourdine à leur chant, bâillèrent et suivirent le conseil de la cuisinière, qui leur suggérait d'aller se coucher.

Boulotte imagina qu'elle allait construire une cabine téléphérique en forme de poulet rôti ; Ficelle, plus poétiquement, rêva d'une nacelle en forme d'oiseau ; quant à Françoise, elle s'endormit dès qu'elle se trouva engoncée dans son sac de couchage.

*

*   *

Longtemps caché derrière une cime, un croissant de lune apparut. Il fut bientôt éclipsé par un cumulus, puis il se manifesta de nouveau pour étendre une clarté douce sur la vallée. Un peu de cette lumière pâle se glissait à travers les vitres du dortoir. C'était suffisant pour que Fantômette pût s'y mouvoir avec aisance, sans heurter les meubles.

Elle ouvrit la porte facilement — cette fois-ci, le Furet ne l'avait pas verrouillée — et sortit. Elle longea un couloir, descendit l'escalier de bois jusqu'à la salle commune et s'arrêta sur le seuil.

Tout était silencieux, à part le sec tic-tac du coucou. La jeune aventurière traversa la pièce, s'approcha du téléviseur, le contourna et sortit d'une petite poche une lampe électrique qui aurait pu se loger dans une boîte d'allumettes. Elle projetait un faisceau mince mais très blanc, qui éclaira la plaque isolante destinée à protéger l'arrière du poste. Avec la lame d'un canif, Fantômette enleva les quatre vis qui maintenaient la plaque, l'ôta et examina les organes du téléviseur. Une multitude de lampes, de condensateurs, de fils et de résistances embrouillés d'une manière apparemment inextricable. Un horrible casse-tête, qui toutefois ne parut pas effrayer la jeune fille. Elle examina l'appareil pendant deux ou trois secondes, tapota un tube du bout des doigts, gratta des connexions, puis découvrit ce qu'elle cherchait : une trace noirâtre sur un fil.

« C'est bien ce que je pensais. Ce fil a été grillé par une étincelle. On a provoqué un court-circuit en le touchant avec un objet de métal. Peut-être un couteau ? C'est un joli petit sabotage. »

Fantômette revissa la plaque, réfléchit un instant, et sortit de la grande salle. Elle était sur le point de remonter l'escalier, mais se ravisa. Cet escalier ne s'arrêtait pas au rez-de-chaussée, mais s'enfonçait dans un sous-sol noir. Fantômette descendit quelques marches, braqua sa lampe devant elle. Le rayon s'accrocha au bois d'une porte massive.

« Tiens ! une cave... Dans un chalet de montagne ? C'est curieux... Pourtant, il n'y a pas de vignobles par ici... Ah ! j'y suis. Ce n'est pas une cave à vin, mais à fromages. On doit y trouver du beaufort ou du reblochon... A moins qu'il n'y ait là tout autre chose... »

L'aventurière approcha son oreille d'une fente qui courait entre deux planches mal jointes, et perçut le bruit d'une respiration. Elle ne put

s'empêcher de sourire. « C'est bien ce que je pensais. »

Doucement, elle gratta la porte avec l'ongle. Après un instant, une voix lui parvint :

« Qui est là ?

— Une amie. Une des filles de la colonie.

— Oh ! Faites attention ! *S'ils* vous surprenaient !

— Non, je ne risque rien. Ne vous inquiétez pas. Mais dites-moi... Y a-t-il des blessés parmi vous ?

— Des blessés ! Non, pourquoi ?

— J'ai eu l'impression qu'*ils* employaient la manière forte pour vous faire sortir du lit !

— Ah ! oui... nous nous sommes débattus, mais ils avaient du chloroforme et ils nous ont endormis... Ce sont des bandits, n'est-ce pas ? Que veulent-ils faire ?

— Je l'ignore encore.

— Libérez-nous vite, et nous leur tomberons dessus !

— Impossible ! Ils risquent d'être armés et d'exercer des représailles sur les filles. Ayez un peu de patience, j'arrangerai ça... Vous n'avez besoin de rien ? On vous donne de quoi manger ?

— La cuisinière nous apporte de la nourriture, sous la surveillance d'un de ces bandits.

— Bon. Vous pouvez dormir sur vos deux oreilles. Fantômette s'occupe de tout ! »

L'aventurière remonta silencieusement l'escalier, s'arrêta devant le dortoir, hésita.

« Je voudrais bien en savoir un peu plus... Et pour en savoir plus, il faudrait inspecter la chambre du Furet. Si j'en profitais pendant que ces messieurs sont endormis ? C'est risqué, bien sûr... »

Fantômette hésita encore une seconde, puis se décida.

« Après tout, on verra bien... Si je n'avais pas le goût du risque, je ne ferais pas ce métier-là ! »

Elle poursuivit son ascension jusqu'au second étage, éteignit sa lampe lorsqu'elle eut repéré la poignée de la porte. Restait à savoir si celle-ci était fermée. Fantômette posa sa main sur la poignée, tourna lentement.

La porte s'ouvrit.

L'intérieur de la chambre était sombre, mais la lueur du croissant de lune pénétrait par une fenêtre, et l'œil aigu de Fantômette put discerner les principaux éléments contenus dans la pièce. A droite, alignés contre le mur, les trois lits des bandits-moniteurs présentement fort occupés à ronfler. A gauche, une armoire, des chaises, et une grande table de style savoyard. Sur la table, trois masses sombres indiquaient la présence de valises. Prudemment, en masquant le rayon de sa lampe, la jeune fille éclaira les valises. L'une, très grande, en cuir clair de belle qualité, devait contenir les innombrables costumes de l'élégant prince d'Alpaga. La seconde, en carton plus ou moins déchiré, avait perdu serrures et poignée. Le couvercle ne tenait plus qu'à l'aide d'une ficelle.

« Celle-ci appartient évidemment au gros Bulldozer, qui se soucie peu d'élégance. Voyons la troisième. »

Noire, plate, discrète, ce devait être celle du Furet. Fantômette s'apprêtait à l'ouvrir, quand un grognement s'éleva dans son dos. Rapidement, elle éteignit la lampe et fit volte-face.

Dans un des lits, une silhouette s'agitait. Le drap se souleva, retomba : le gros Bulldozer se retournait. Il émit un ronflement sonore, remua une paire de pieds énormes qui dépassaient du lit, poussa un soupir qui ressemblait d'assez près à la fuite d'air d'un pneu, puis demeura inerte. Fantômette ralluma la lampe et reprit son enquête.

Elle ouvrit la valise noire. Sous une chemise se trouvaient quelques objets de toilette et deux paquets enveloppés de papier brun. Délicatement, elle déplia l'emballage du premier. Il contenait des outils. Un tournevis, une clef anglaise, des cisailles et un rouleau de câble en acier.

« Selon les apparences, ce cher Furet a l'intention de faire du bricolage. Voyons l'autre paquet. »

Elle découvrit une poulie montée sur un crochet d'acier.

« Que veut-il donc faire avec ça ? Soulever des sacs de farine ? Faire grimper un poids en haut d'une montagne ? »

Elle remit les objets en place et arrêta son regard sur un gros flacon qui contenait un liquide incolore. De l'eau de Cologne ? Une lotion pour la barbe ? Elle regarda l'étiquette qui portait le nom d'un pharmacien et la mention : *Eau oxygénée*.

« Tiens ! Il a besoin d'une telle quantité de désinfectant ? Il prévoit donc que la colonie va se faire beaucoup d'écorchures ? »

Elle rabattit le couvercle de la valise, se retourna... et entrevit un homme à demi sorti du lit ! Le Furet venait de se réveiller...

Il sauta complètement hors de sa couche, tandis que Fantômette bondissait vers la sortie en éteignant sa lampe. Le bandit cria : « Ne bougez pas ! » et ajouta machinalement : « sinon, je tire ! » bien qu'il n'eût aucune arme en main.

Mais la jeune fille se garda bien d'obéir. Elle plongea dans les jambes du Furet qui tentait de lui barrer la route et lançait un coup de poing dans le noir. Le coup atteignit Fantômette à l'épaule, la faisant rouler sur le plancher. Elle se releva d'un bond, sauta de côté et lança un coup de pied à l'endroit approximatif où devait se situer l'estomac du Furet. Elle faisait erreur, car ce fut le nez du bandit qui se trouva aplati. Son propriétaire poussa un hurlement qui réveilla

Bulldozer et Alpaga. Peu soucieuse de devoir affronter toute la bande, Fantômette chercha à tâtons la porte, se glissa au-dehors et dégringola l'escalier en direction du dortoir.

Pendant ce temps, le prince d'Alpaga se frottait les yeux et demandait :

« C'est vous qui avez crié, chef ? Que se passe-t-il ? »

Il alluma sa lampe de chevet, vit le Furet qui se frottait le nez en gémissant :

« Ah ! la petite peste ! Elle me le paiera ! Je vais lui tordre le cou !

— A qui ?

— A une des filles. Je viens de la surprendre. Elle fouillait dans ma valise.

— Laquelle est-ce ?

— Hé ! est-ce que je sais, moi ? J'ai juste vu une ombre. Mais je vais la retrouver. Descendons ! »

Ils s'élancèrent hors de la chambre, descendirent au premier étage, entrèrent dans le dortoir. Le Furet appuya sur le bouton électrique et commença à inspecter les rangées de lits. Toutes les pensionnaires étaient là, toutes dormaient. Agacé, le Furet grinça :

« Evidemment, il y en a une qui fait semblant de dormir... Mais allez donc savoir laquelle... »

Très vite, le bandit se rendit compte qu'il était inutile d'insister. Il fit signe à ses complices de le suivre. Les trois hommes remontèrent dans leur chambre et prirent bien soin cette fois de pousser leur verrou. Le Furet se remit au lit, grommela :

« Il y a une voleuse parmi ces filles, et je n'aime pas ça. D'ailleurs, j'ai horreur des voleurs ! »

Le prince d'Alpaga pouffa de rire :

« Eh bien, chef, à vous entendre, on ne croirait jamais que vous êtes le roi des cambrioleurs... »

Exaspéré, le Furet cria :

« Tais-toi, imbécile ! Fais comme moi, dors ! »

Il piqua du nez dans son oreiller et s'endormit en proférant des menaces indistinctes.

Chapitre 9

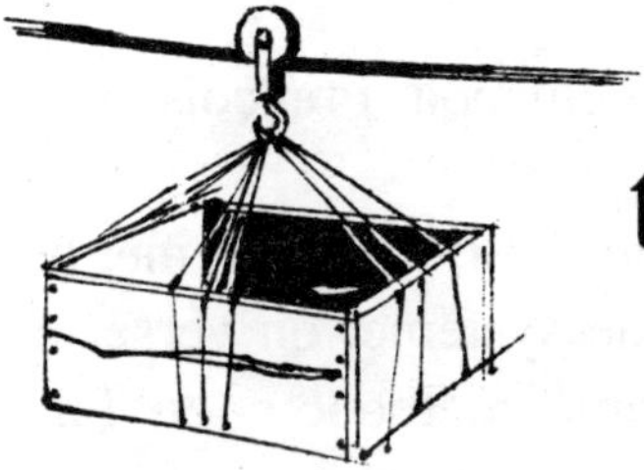

Le petit téléphérique

Un parfum de chocolat sortait de la cuisine, envahissait la cage de l'escalier, se glissait sous la porte du dortoir. Il vint chatouiller les délicates narines de Boulotte, qui s'éveilla en sursaut.

« Oh ! voilà un ravissant arôme chocolatesque, comme dirait Ficelle ! Qu'il va faire bon tremper des tartines beurrées dans un grand bol bien plein ! Des grandes tartines avec beaucoup de beurre ! »

Elle se tourna vers Françoise et demanda :

« Quand tu mets du beurre sur une tartine, comment fais-tu ? »

Françoise entrouvrit un œil et répondit :

« Je prends un couteau et j'étale le beurre sur le pain. Pourquoi ? Il y a une autre méthode ?

— Oh ! oui ! Moi, je mets le beurre dessus *et dessous*. C'est bien meilleur ! Mais il y a un inconvénient. Le beurre rend le pain étanche, et il pompe moins bien le chocolat. Ou le café au lait... Tiens, sais-tu qu'il y a trois manières pour préparer le café au lait ?

— Non. Lesquelles ? demanda Françoise en bâillant.

— Premièrement, expliqua Boulotte, on met le lait dans le café. Deuxième système, on verse le café dans le lait. Troisième méthode : on fait boire le café à la vache.

— Oh ! très bien ! Je vois que tu t'y connais ! Quand je voudrai faire un petit déjeuner de grand luxe, je t'appellerai !

— Tu auras raison. Pour tout ce qui touche le miam-miam, et le glou-glou, mon savoir est ébouriffant, comme dirait Ficelle.

— Hé ! on parle de moi ? demanda Ficelle en sortant la tête de son sac.

— Oui, dit Françoise, il paraît que tu es ébouriffée.

— C'est sûrement vrai. Je n'ai pas encore eu le temps de passer un démêloir dans mon opulente chevelure. »

Les filles quittèrent leurs sacs de couchage, jetèrent un coup d'œil à travers les fenêtres pour s'assurer que la journée allait être belle, puis se précipitèrent vers le petit déjeuner, la cérémonie du débarbouillage étant remise à plus tard.

Tout seul à table, le Furet trempait une tartine beurrée dans un grand bol de café au lait. Il déclara :

« Mesdemoiselles, quand vous serez prêtes, nous retournerons près de la pyramide pour mettre en place le petit téléphérique dont je vous ai parlé hier. Y a-t-il des volontaires pour m'accompagner ? »

Aussitôt, vingt mains se levèrent.

Le Furet les arrêta d'un geste.

« Je n'ai pas besoin de tout le monde. Trois ou quatre suffiront. Les autres peuvent aller faire du ski ou de la luge... »

Après une discussion au cours de laquelle Ficelle insista vivement pour participer à l'installation du téléphérique, le Furet décida :

« Très bien ; je vais prendre avec moi Ficelle, Françoise et Zézette.

— Vos amis ne vous accompagnent pas ? demanda Françoise.

— Non. Le prince d'Alpaga est un peu fatigué. Il reste ici. Bulldozer est parti à six heures par le premier téléphérique. Il doit maintenant se trouver à Coryza, de l'autre côté du ravin. Il va nous aider à mettre en place le câble porteur. »

Après une mini-toilette, les trois filles se chargèrent du matériel préparé par le Furet : le rouleau de câble, la poulie et les outils que Fantômette avait vus dans la valise, ainsi que du fil de fer, des cordelettes et une caisse en bois.

A son départ, la petite caravane fut saluée par de grands mouvements de bras et des « au revoir ! » émouvants. On aurait cru qu'elle se mettait en route pour quelque lointaine et périlleuse expédition, telle que la conquête d'un sommet de l'Himalaya ou l'exploration d'une contrée polaire.

Le Furet et les trois filles contournèrent le sommet et descendirent vers la faille. Ficelle demanda :

« Il ne faut pas que nous nous cachions, comme hier ? »

Le Furet sourit.

« Non, pour l'instant, c'est inutile. Le grand jeu n'est pas encore commencé.

— Mais... Qu'est-ce que c'est, au juste, ce grand jeu ?

— Ah ! Je ne peux encore rien dire, mais dans

quelques heures, tout se déclenchera. Vous verrez, ce sera passionnant ! »

Le groupe descendit la pente jusqu'à la pyramide et déposa le matériel. De l'autre côté du ravin, une silhouette faisait des signes : le gros Bulldozer. Pour atteindre ce point, il avait dû descendre par le téléphérique jusqu'à Chamoix, pour suivre la route qui menait à Coryza en longeant une partie de la faille.

Le Furet expliqua :

« Pour établir notre téléphérique, nous allons d'abord faire passer un fil très léger par-dessus la faille, ensuite nous le remplacerons par un câble d'acier qui soutiendra la petite caisse. »

Il tira de sa poche une bobine large et plate, sur laquelle était enroulée une ligne de pêche en nylon, en dévida quelques brasses et attacha une pierre à un bout, puis grimpa au sommet de la pyramide sur laquelle il s'assit, comme un Arabe sur la bosse d'un dromadadaire.

« Maintenant, attention ! Eloignez-vous ! »

Il fit tournoyer la pierre comme une fronde, en cercles qui allèrent s'élargissant. A chaque tour, le sifflement de l'air se faisait plus aigu. Quand la vitesse fut assez grande, le Furet lâcha tout. Le projectile bondit comme un satellite au-dessus du ravin, puis retomba en manquant de peu le gros

Bulldozer, qui eut juste le temps de se jeter derrière un tronc d'arbre pour éviter le choc. Il ramassa la pierre, tira sur le fil. Le Furet venait d'y attacher le câble qui était de son côté. Sous l'effort de traction exercé par Bulldozer, le câble commença à s'allonger au-dessus du ravin, prenant la place du fil de nylon. Le Furet veillait à ce que le déroulement se fasse régulièrement. Bientôt, Bulldozer eut en main l'extrémité, qu'il attacha solidement au fût d'un épicéa. Le Furet fit signe aux filles :

« Maintenant, c'est le moment d'avoir du muscle. Nous allons faire passer le câble autour de la pyramide et le tendre au maximum. Vous y êtes ? »

La manœuvre se fit sans trop de difficulté. Le filin d'acier fut enroulé autour de la pointe et amarré grâce à des nœuds marins. Le Furet exprima sa satisfaction.

« Bon, ça m'a l'air solide. »

Il prit le chariot, le suspendit en accrochant la poulie au câble.

« Parfait ! Si maintenant je le lâchais, il glisserait jusqu'à l'autre bord du ravin.

— Et comment feriez-vous pour le récupérer ? demanda Ficelle.

— Pas question de le voir revenir. Il ne fera qu'un voyage.

— Oh ! il ne servira qu'une seule fois ?

— Oui.

— Mais pourquoi ?

— Je vous ai déjà dit que tout ceci fait partie du grand jeu. Ne m'en demandez pas plus pour l'instant. »

Il décrocha la caisse, la dissimula dans une anfractuosité qui s'ouvrait à l'intérieur de la pyramide, et fit signe à Bulldozer que tout allait bien.

« Et maintenant, mesdemoiselles, demi-tour ! Revenons au chalet. »

Le retour eut lieu sans incident. Aux alentours du chalet, les filles glissaient sur la neige, tombaient et se relevaient avec de grands rires. Personne ne soupçonnait encore qu'un drame fantastique allait éclater dans les heures suivantes.

Chapitre 10

Curieux micmac

« En voiture, les voyageurs ! En voiture ! »

M. Plume, le chef de la station basse du téléphérique, sortit de sa poche un sifflet et en tira un son aigrelet. Les portes de la cabine se refermèrent sur une fournée de voyageurs qui se proposaient de gagner la station supérieure de la Dent du Diable. M. Plume appuya sur le bouton commandant la mise en marche du moteur électrique. La cabine resta immobile. Il appuya une seconde fois plus fortement. Le téléphérique refusa de démarrer.

« Tiens ! Y aurait-il un mauvais contact ? »

Au même instant, une sonnerie se fit entendre :

quelqu'un appelait au téléphone depuis la station supérieure. M. Plume entra dans son petit bureau de chef de gare, décrocha l'écouteur.

« Allô ? Oui ? »

Au bout du fil, une voix prononçait ces paroles :

« Ici la station haute. Je viens de couper le courant.

— Oui, répondit M. Plume, je m'en suis aperçu. Pourquoi avez-vous fait ça, Lartoupe ? Quelque chose ne va pas, là-haut ?

— *Je ne suis pas Lartoupe.*

— Hein ? Comment ? Vous n'êtes pas Lartoupe, mon adjoint ?

— Non, pas du tout.

— Mais... qui êtes-vous donc ?

— Cela ne vous regarde pas. »

Les yeux du chef de la station basse s'arrondirent au point de ressembler à une paire de lunettes. Il fronça les sourcils, articula sévèrement :

« Je n'aime pas beaucoup les petits plaisantins. Je suis le chef de gare de la station de Chamoix et je n'ai pas de temps à perdre. Il faudrait tâcher de ne pas vous payer mon portrait, sinon je pourrais me fâcher ! Alors, qui vous a permis d'utiliser le téléphone ? »

Une voix menaçante répondit :

« Ça va bien, petit père. N'essaie pas de jouer au plus malin avec moi. Maintenant, écoute attentivement. Je n'ai pas le temps de répéter. Je viens de bloquer le téléphérique. Aucune cabine ne pourra monter ou descendre sans mon autorisation. Tu vas immédiatement te rendre au commissariat de police de Chamoix, et annoncer ceci... »

Les paroles qui furent ensuite prononcées par le mystérieux interlocuteur plongèrent le chef de gare dans une telle stupéfaction qu'il resta médusé pendant un long moment, cherchant à comprendre les extraordinaires propos qu'on venait de lui tenir. Avait-il affaire à un farceur ? Non, l'inconnu n'avait pas du tout l'air de vouloir s'amuser. La chose était sérieuse, assurément. Et puis, le téléphérique était réellement en panne. Sur ce point au moins, aucun doute n'était possible. Donc, il fallait obéir, sinon les conséquences pourraient être terrifiantes. De toute manière, il fallait prévenir la police... Et puisqu'on lui demandait précisément de le faire...

Il raccrocha le téléphone, ouvrit une des portes de la cabine et annonça :

« Le trafic est provisoirement interrompu. Mesdames et messieurs, voulez-vous descendre, s'il vous plaît... »

Des protestations s'élevèrent. Les touristes avaient payé leur passage, ils voulaient être transportés au sommet de la montagne.

Cependant, ils durent s'incliner devant les circonstances. Quelques-uns exigèrent le remboursement de leur billet, ce qui leur fut accordé. Les autres s'assirent sur les marches qui donnaient accès à la station ou s'installèrent dans un café proche, en attendant que le fonctionnement du téléphérique soit de nouveau assuré. Mais le chef de la station ne semblait guère se préoccuper de remettre en état son installation électrique. Il venait de sortir à toute allure du local en criant :

« Je cours au commissariat de police ! Je vais revenir ! »

Stupéfaits, les touristes s'interrogeaient. Pourquoi appeler la police ? La panne de moteur était-elle due à un acte de malveillance ? Un sabotage ? Il fallait attendre.

Dix minutes plus tard, un car bourré d'agents stoppa devant la gare dans un crissement de freins. Le commissaire Férosse, un grand gaillard vêtu d'un imperméable mastic, entra d'un pas décidé et décrocha le téléphone avec un geste sec. La conversation ne dura guère plus d'une minute. Elle avait cependant dû être fort inquiétante, car lorsque le commissaire raccrocha, son visage était devenu d'une étrange pâleur.

*

*   *

Allongée sur un fauteuil de toile, Boulotte achevait de croquer une figue sèche. Elle leva les yeux vers Zézette, Ficelle et Françoise, qui revenaient de leur expédition, et demanda :

« Alors, vous l'avez accroché, ce téléphérique ?

— Oh ! oui, dit Ficelle.

— Alors, je vais pouvoir monter dedans ?

— Oh ! là ! là ! Non !

— Pourquoi ?

— Parce qu'il est interdit aux éléphants ! »

Le visage de Boulotte devint écarlate. Elle ouvrit la bouche pour exprimer son indignation d'une manière vigoureuse, mais à cet instant le tintement de la cloche se fit entendre : la cuisinière annonçait que le déjeuner était prêt. Aussitôt, la grosse fille bondit hors de son fauteuil et se précipita en direction de la grande salle.

Au cours du repas, Ficelle se montra aussi bavarde qu'exubérante. La perspective du grand jeu la remplissait d'aise, et elle faisait mille suppositions sur l'emploi que le Furet allait faire du téléphérique.

Françoise en revanche, les yeux perdus dans le vague, restait immobile sans parler. Au bout d'un moment, Ficelle s'aperçut de ce silence. Elle demanda à la brunette :

« Tu ne dis rien ? Tu as l'air plongée au fond d'un gouffre plein de réflexions !

— Oui, je réfléchis...

— Ah ! c'est bien ce qu'il me semblait. A quoi penses-tu ?

— Je pense à divers petits faits bizarres qui se sont produits depuis que nous sommes ici.

— Des faits bizarres ? Lesquels ?

— Par exemple, as-tu remarqué l'attitude de la cuisinière ?

— Non... Elle a une attitude particulière ?

— Oui. Elle est nerveuse, inquiète... Quelque chose la préoccupe.

— Non, je n'ai pas fait attention. C'est tout ce que tu trouves d'anormal ?

— Non, il y a autre chose. As-tu remarqué qu'il y a un téléphone dans l'entrée du chalet ? »

Ficelle plissa le front.

« Non, je n'ai pas remarqué.

— Eh bien, je te le dis. Il y a un téléphone.

— Alors ?

— Il ne fonctionne pas.

— Ah ? Comment le sais-tu ?

— Je l'ai décroché tout à l'heure, et on n'entend pas la tonalité.

— Il doit être en panne...

— Sûrement, ma petite Ficelle. Il est en panne pour la bonne raison qu'on a coupé les fils.

— Oh !

— Oui. Alors, résumons-nous. Premièrement, tous les postes de radio de la colonie sont en panne. Deuxièmement, le téléviseur ne marche pas. Troisièmement, le téléphone ne fonctionne plus. Résultat...

— Résultat ?

— Depuis vingt-quatre heures, le *Chalet du Diable* est complètement isolé. Nous sommes coupés du reste du monde.

— Tiens ! Je ne m'en étais pas aperçue.

— Et la réciproque est vraie. Personne à l'extérieur ne peut savoir ce qui se passe ici. »

Ficelle fit la moue.

« Peuh ! Il ne se passe rien de bien extraordinaire... A part ma nouvelle coiffure qui est très ébouriffante...

— Il ne se passe rien pour l'instant, mais j'ai l'impression très nette qu'il va se produire un événement beaucoup plus ébouriffant que ta coiffure. Le Furet est en train de nous monter une jolie petite machination.

— Tu crois ? Il faut le surveiller, alors ! »

Ficelle regarda autour d'elle avec inquiétude. Mais, à part la cuisinière et les autres filles, il n'y avait dans la salle que le prince d'Alpaga, assis devant une petite table isolée. La grande fille s'écria :

« Il n'est pas là ! »

Puis elle réfléchit une petite minute et ajouta, avec une belle logique :

« Il doit être ailleurs...

— J'admire la justesse de ta déduction, dit Françoise avec un sourire.

— Eh bien, puisque tu es si maligne, dis-nous un peu où il se trouve ?

— A la station du téléphérique.

— Comment le sais-tu ?

— J'ai remarqué tout à l'heure qu'il partait dans cette direction.

— Il est redescendu à Chamoix, alors ?

— Non. Pour descendre, il aurait fallu qu'il prenne le téléphérique de 13 heures, et il n'a pas pu.

— Pourquoi donc ?

— Parce que le téléphérique de 13 heures *n'est pas parti.* »

Les yeux de Ficelle s'arrondissaient. Elle s'exclama :

« Tu en sais, des choses ! Comment as-tu appris tout ça sans bouger d'ici ?

— Elémentaire, ma chère Ficelle. De l'endroit où je suis assise, j'aperçois en contrebas le câble du téléphérique. Et depuis une heure il ne s'est produit aucun mouvement de cabine. J'en conclus qu'il y a une nouvelle panne... »

Ficelle hocha la tête en soupirant :

« Ce n'est pas au point, ces machins-là !

— C'est possible. Mais il pourrait avoir une autre raison. Notre cher Furet est en train de couper toutes les communications entre le chalet et l'extérieur. Il vient peut-être de saboter le téléphérique.

— Oh ! Alors, là, je crois que tu as trop d'imagination ! Pourquoi ferait-il tout ça ? Tu peux me le dire ?

— Non.

— Dommage ! Si tu étais Fantômette, tu aurais déjà trouvé la raison de tout ce micmac ! Seulement, tu n'es pas Fantômette... »

Françoise murmura pour elle-même :

« Fantômette ou pas, je la trouverai, la raison du micmac ! »

Chapitre 11

Abominas

Fantômette dévalait la piste à toute allure. L'anorak, le bonnet et les grosses lunettes dissimulaient son aspect physique sans permettre à quiconque de deviner que sous ce costume sportif se cachait la fameuse justicière.

Pour gagner du temps, elle avait choisi la piste la plus abrupte, donc la plus rapide ; mais aussi la plus difficile, celle que se réservent les champions. Il ne lui fallut que quelques minutes pour atteindre Chamoix. Dès qu'elle se trouva au point terminal de la piste, il lui apparut qu'une atmosphère anormale pesait sur la petite ville.

Aux alentours de la station du téléphérique,

une foule entourait des cars d'agents et des voitures-radio de la police. Une foule qui semblait agitée, énervée ou mécontente. Etait-ce une manifestation politique ? un meeting ? une élection ?

Fantômette s'approcha, se faufila entre des petits groupes qui discutaient en pointant le doigt vers la Dent du Diable. Elle perçut des bribes de phrases :

« C'est affreux ! On ne peut pas les laisser comme ça !

— Il faut faire quelque chose !

— Oui, c'est le rôle des policiers ! Au lieu de rester plantés là, ils feraient bien de s'agiter un peu ! »

Un car bleu et blanc de téléreportage était arrêté près de la gare. Fantômette put se glisser, à travers un cercle de badauds, jusqu'à toucher presque le micro qu'un reporter mettait sous le nez du commissaire Férosse. Elle entendit ce dialogue :

« Monsieur le commissaire, pouvez-vous faire le point de la situation ?

— Certainement. Au début de l'après-midi, j'ai été appelé par le chef de la station du téléphérique. Il m'a fait part d'une nouvelle surprenante. Il venait de recevoir un coup de téléphone en provenance de la station haute. Un individu prétendant se nommer Abominas retiendrait prisonnières les filles d'une colonie de vacances.

— Où se trouve cette colonie ?

— Dans le *Chalet du Diable,* à proximité de la station haute. Abominas ne rendra la liberté à ses prisonnières qu'en échange d'une forte rançon.

— Ce serait donc une sorte de kidnapping collectif ?

— Oui. D'habitude, un ravisseur enlève un

enfant dans une famille riche et demande une somme très élevée. Dans le cas présent, il s'agit d'une chose tout à fait nouvelle. Abominas ne demande qu'une petite somme pour chacune de ses victimes, mais comme elles sont nombreuses, le total est tout de même très élevé. Nous avons affaire à un être malfaisant, mais d'une intelligence certaine.

— Toute cette affaire est donc sérieuse ?

— Très sérieuse. Abominas — c'est évidemment un surnom qu'il s'est donné — a sectionné les fils téléphoniques du chalet et saboté le téléphérique. Les filles se trouvent pratiquement isolées. »

Fantômette ne perdait pas une syllabe des propos tenus par le commissaire. Malgré la gravité des révélations qu'elle venait d'entendre, elle ne put s'empêcher de sourire. Ses déductions étaient exactes. Le Furet avait effectivement cherché à couper le chalet de la ville. Ce qu'elle n'avait pas soupçonné, c'était le gigantesque kidnapping !

Le reporter continuait son interview :

« Monsieur le commissaire, espérez-vous venir à bout rapidement de cet affreux Abominas ?

— Je l'espère, bien sûr. Nous avons dès maintenant le concours de la gendarmerie de haute montagne et des chasseurs alpins. Mais il faut avouer que le criminel ne paraît guère s'en inquiéter. Il occupe une position de force.

— Ne peut-on le capturer ?

— Pas pour l'instant. Il a bloqué le téléphérique, ce qui nous empêche d'envoyer des hommes à l'assaut du chalet. Nous pourrions évidemment remonter la piste de ski à pied, mais cela prendrait au moins une journée.

— Et les hélicoptères ?

— Abominas a prévu le cas. Si nous essayons de l'attaquer avant qu'il n'ait la rançon en sa possession, il menace de jeter les filles dans un ravin. »

La foule, qui écoutait attentivement, eut un mouvement d'effroi. Le commissaire fit un geste apaisant :

« Rassurez-vous ! Les parents des prisonnières nous ont demandé de ne rien tenter contre Abominas tant que les rançons ne seront pas versées, et nous nous conformerons à ce désir bien compréhensible. Mais le criminel lui-même semble nous autoriser à faire tout ce que nous voudrons lorsqu'il aura touché l'argent.

— Il est donc bien sûr de lui ?

— Apparemment, oui. Une chose est certaine, c'est que toutes les précautions qu'il a prises pour isoler les filles, l'isolent également. Il est en état de siège. En admettant qu'il touche l'argent, je ne vois pas comment il pourrait ensuite s'échapper. Le téléphérique est surveillé, ainsi que la piste de ski.

— Ne peut-il se sauver en descendant sur l'autre versant de la montagne ?

— Impossible ! La Dent du Diable est isolée par un ravin, la faille de Coryza. Le seul moyen de communication avec l'extérieur est, je vous l'ai dit, le téléphérique ou la piste skiable. Notre homme est prisonnier. Nous l'aurons un jour ou l'autre, ce n'est qu'une question de patience.

— Quand la rançon doit-elle être versée ?

— Demain matin, à sept heures. Abominas remettra le téléphérique en état de marche. Nous devrons déposer l'argent dans la cabine qui se trouve en ce moment à la station inférieure. Dans la cabine descendante, les moniteurs auront pris place. Abominas s'est engagé à les libérer en premier.

— Les moniteurs de la colonie sont donc prisonniers également ?

— Oui. Abominas les a enfermés dans une cave à fromages.

— Ne trouvez-vous pas bizarre, monsieur le

commissaire, que ce malfaiteur ait pu les capturer à lui seul ?

— C'est curieux en effet, mais je suppose qu'il les a pris par surprise. Nous aurons plus de détails demain matin, lorsque ces moniteurs seront de retour ici.

— Quelle est votre conclusion ?

— Il n'y a pas lieu de s'inquiéter outre mesure. Les familles retrouveront leurs enfants, récupéreront leur argent, et le criminel se fera prendre. Nous avons la situation en main.

— Monsieur le commissaire, je vous remercie pour ces affirmations, qui rassureront les familles des jeunes prisonnières. »

Le reporter et le commissaire se séparèrent, très satisfaits de l'interview. Fantômette, au contraire, serra les poings avec une rage contenue. Elle grommela entre ses dents :

« Ah ! tu as la situation en main, mon bonhomme de commissaire ! Tu te fourres le doigt dans l'œil jusqu'à la clavicule ! Tu ne connais pas le nommé Abominas, qui s'appelle en réalité le Furet. Il se moque éperdument des gendarmes à pied, à ski ou en traîneau ! Tu pourras bien l'attendre pendant un siècle ou deux, tu ne l'attraperas pas ! »

Elle fit demi-tour, fendit la foule qui s'était

faite de plus en plus dense, et alla s'asseoir sur une murette de béton qui bordait la patinoire municipale.

« Il est certain que si je ne m'en mêle pas, le Furet va tranquillement encaisser son argent et s'évaporer sans laisser de traces. Evidemment, je pourrais tout raconter au commissaire, ce qui lui vaudrait la gloire d'avoir arrêté le Furet. Mais je peux aussi réserver cette gloire pour Fantômette, la justicière imbattable ! Après tout, j'ai bien le droit de soigner ma petite publicité ! Je vais donc attendre le Furet à la sortie... »

Elle avait appuyé ses skis contre la murette et les tapotait nerveusement.

« La sortie, c'est *le petit téléphérique,* dont personne ne soupçonne l'existence. Le Furet va grimper dans la caisse en bois, franchir la faille et se sauver par Coryza. Seulement... »

Deux rides verticales se dessinaient sur son front.

« Seulement, une chose me tracasse. Ce téléphérique me semble trop léger, trop fragile pour supporter le poids d'un homme. Passer au-dessus du ravin en s'accrochant à un câble aussi mince, c'est courir un risque énorme !... Ah ! je n'arrive pas à comprendre son plan ! Qu'a-t-il donc inventé ? »

Serrant les mains contre ses tempes, la jeune aventurière comprimait sa tête comme pour en faire jaillir une idée étincelante, une solution logique à l'invraisemblable problème posé par le Furet. *Comment le criminel espérait-il échapper aux forces de police qui encerclaient la Dent du Diable ?*

Chapitre 12

Chargée de mission

Le Furet ouvrit la fenêtre, s'accouda au balcon et braqua ses jumelles sur le centre de Chamoix. Il tourna le bouton de réglage pour voir avec netteté la place qui s'étendait devant la station basse du téléphérique. Des petits points noirs s'agitaient autour de longs véhicules sombres. Le Furet sourit.

« Nous déplaçons du monde. A la bonne heure ! Notre affaire sera un succès. Plus la foule sera importante, et *mieux ce sera pour nous !* »

Le prince d'Alpaga, qui venait de vérifier dans une glace le bon aspect de sa chevelure, s'approcha pour demander :

« Alors, chef, il y a du nouveau en bas ?

— Oui. A cette heure-ci, toute la planète doit être au courant de notre exploit, et l'on nous prépare une belle petite réception. La place est bourrée de paniers à salade et de pandores avec l'arme au poing.

— Ils viennent pour arrêter le terrible Abominas ?

— Bien sûr. C'est ce qu'ils espèrent. Mais ils peuvent toujours courir. Personne ne me prendra !

— Le risque est gros, pourtant !

— Mais non, mais non. Tout se passera très bien. Mon plan est génial, il ne peut pas rater.

— Etes-vous bien sûr, chef, que Françoise ne s'amusera pas à ouvrir le paquet ?

— Cela m'étonnerait... Non, je suis certain qu'elle n'y touchera pas. »

Le prince d'Alpaga consulta sa montre massive en plaqué or :

« Il est seize heures. Dites-moi, chef, qu'allons-nous faire jusqu'à demain matin ?

— Rien du tout. Il faut attendre que le téléphérique nous apporte la rançon.

— Nous ne ferons donc rien jusqu'à 7 heures ?

— Rien.

— Nous aurions dû exiger le paiement immédiat ! »

Le Furet haussa les épaules.

« Mais non ! Réfléchis un peu. Il faut laisser le temps aux familles de réunir l'argent et de l'envoyer.

— Ah ! c'est vrai... Tout de même, cette attente... Je risque de m'ennuyer...

— Regarde-toi dans la glace et admire-toi. Ça te fera passer le temps... Et puis, non. En attendant, va plutôt me chercher la petite brunette.

— Françoise ?

— Oui. Je vais lui expliquer ce qu'elle devra faire, demain matin.

— Bien, chef, j'y vais ! »

A proximité du chalet, les filles avaient entrepris, sous la direction de Ficelle, d'établir une piste de luge. En faisant le va-et-vient sur un parcours rectiligne, elles avaient tassé la neige pour la durcir. Avec l'aide de Boulotte et de Zézette, la grande fille avait confectionné une luge superbe baptisée *bobsleigh olympique*. L'engin consistait en une vieille caisse, posée sur une paire de skis et maintenue en place à grand renfort de cordelettes.

Quand Ficelle jugea que la neige était suffisamment durcie, elle fit mettre la luge en haut de la piste, prit place dans la caisse, compta de dix à zéro, et hurla :

« En avant ! »

La machine glissa en accélérant au long de la pente, à la grande joie de l'expérimentatrice. Malheureusement, Ficelle avait dû faire une erreur quelque part dans ses calculs : le traîneau ne s'arrêta pas en bout de piste, comme elle l'avait prévu, mais continua allégrement sur sa lancée, surmonta une bosse de terrain, plongea dans un creux, dérapa sur une plaque de glace, manqua de peu le tronc d'un sapin et finalement piqua du nez dans un épais fourré au sein duquel il s'engloutit !

Les compagnes de Ficelle se précipitèrent pour connaître le sort de l'héroïque skieuse, qui avait entièrement disparu dans la masse blanche du buisson.

Du *bobsleigh olympique,* il ne restait pas grand-chose. Un ski, détaché, avait voltigé dans la nature. L'autre était brisé en deux. La caisse était en mille morceaux ; elle avait heurté un bloc rocheux dissimulé par la neige. Quant à Ficelle, que la vitesse acquise avait projetée par-dessus son véhicule, elle s'en tirait avec une assez belle

collection d'égratignures, et une bosse sur le front, offerte par une basse branche d'épicéa.

Elle se releva en exprimant à haute voix son indignation.

« Ces montagnes sont vraiment mal étudiées ! On aurait dû les construire avec un peu plus de soin et prévoir que je viendrais y faire des essais ! Venir mettre un affreux buisson et des arbres inutiles au bout de *ma* piste, c'est un scandale ! »

Elle eût égrené longuement son chapelet de jérémiades, si la voix du prince d'Alpaga ne s'était fait entendre. Il appelait :

« Françoise ! On te demande ! Françoise, viens ici ! »

Les filles regardèrent autour d'elles en criant à leur tour :

« Françoise ! On t'appelle ! »

On s'aperçut bientôt que la brunette n'était pas là. Ficelle se gratta le nez.

« Tiens ! c'est vrai... Je ne la vois pas. Pourtant, j'ai une bonne vue ! Maintenant, je me rappelle qu'elle a disparu après le déjeuner...

— Elle est peut-être restée au dortoir, suggéra Zézette.

— Ou alors, dit Boulotte, elle a eu faim et on la trouvera dans la cuisine... »

On regarda dans le dortoir, on chercha dans la

cuisine, on continua de lancer des appels. Vainement. Le prince d'Alpaga vint rendre compte au Furet de cette absence.

« Chef, pas moyen de la trouver !

— Ah ! C'est ennuyeux, ça... Tu as cherché partout ?

— Oui. Toutes les filles sont en train de l'appeler. On les entend hurler d'ici...

— Elle est probablement partie faire un petit tour... A moins qu'elle ne soit tombée dans une crevasse...

— Vous croyez, chef ? Il faudrait aller à son secours, alors ?

— Penses-tu ! Tu ne crois pas que je vais perdre mon temps pour elle. On va en prendre une autre, voilà tout. Si la Françoise n'est pas de retour d'ici demain, nous en chercherons une qui soit à peu près dégourdie. En attendant, il faut faire taire ces jeunes braillardes. Va leur annoncer que Françoise est retrouvée.

— Si elles demandent à la voir ?

— Réponds que je l'ai envoyée en mission secrète et que cela fait partie du grand jeu.

— Entendu. »

Le prince d'Alpaga s'en alla sur la terrasse, mit ses mains en porte-voix et cria :

« Stop ! Arrêtez les recherches ! Françoise est

en mission spéciale et ultra-secrète dans la montagne ! Elle sera de retour demain matin ! »

Il revint auprès du Furet.

« Voilà, chef, c'est fait. Elles se tiendront tranquilles, maintenant. Mais cela ne nous dit toujours pas où a pu passer cette gamine...

— Bah ! laisse tomber ! »

Au dîner, Françoise n'avait toujours pas reparu. Le Furet observa attentivement les filles une par une, cherchant celle qui pourrait l'aider à réaliser son plan. Son choix se porta sur Ficelle. Après le repas, alors que les autres s'en allaient au dortoir, il la retint pour lui annoncer :

« Puisque Françoise est absente, je vais vous confier la mission qu'elle devait remplir demain matin. Une mission d'une extrême importance... »

Ficelle fit « Aaaah ! » et rougit de plaisir. Elle allait enfin savoir quelque chose au sujet du grand jeu ! Et elle allait prendre la place de Françoise ! Sans aucun doute, elle saurait remplir sa mission bien mieux que son amie ! Avidement, elle écouta les paroles du Furet :

« Voici ce que vous allez faire. Demain matin, il faudra que vous soyez à sept heures à la station du téléphérique.

— Je devrai me lever avant, alors ?

— Evidemment. Il ne faudra surtout pas être

en retard. A sept heures exactement, une cabine arrivera de Chamoix. A l'intérieur, vous trouverez un paquet.

— Ah ! Il faudra que j'entre dans la cabine ?

— Sans doute. Pour y prendre le paquet. Ce paquet, vous le porterez jusqu'à la pyramide, vous le mettrez dans la petite benne que nous avons installée et vous la détacherez.

— Oh ! Et le petit téléphérique franchira le ravin avec le paquet ?

— Je vois que vous commencez à comprendre. »

La grande Ficelle battit des mains.

« Oh ! c'est amusant ! Et qu'est-ce qu'il y a dans le paquet ? »

Le Furet prit un air mystérieux et baissa la voix.

« Je veux bien vous le confier, mais surtout ne le répétez pas à vos amies, sinon il n'y aurait plus de surprise.

— Oui, oui ! c'est promis !

— Eh bien, il y a dans le paquet des billets pour une tombola que nous allons organiser. Chacune de vous touchera un lot.

— Ah ! chic ! Mais pourquoi envoyez-vous les billets de l'autre côté du ravin ?

— Parce que le tirage au sort n'aura pas lieu

au chalet, mais dans la vallée. Mon ami Bulldozer est déjà parti louer une salle où nous organiserons une petite fête.

— Ah ! bon. »

Le Furet ajouta :

« Je vous demanderai de vous déguiser en blanc, pour que les autres filles ne vous voient pas. Sinon, elles demanderaient ce que contient le paquet, et là encore la surprise serait gâchée. Je crois que Françoise devait confectionner un costume blanc ?

— Oui, elle l'a fait juste avant le déjeuner, avec des chiffons et du papier.

— Très bien. Vous n'aurez qu'à enfiler ce costume. Et surtout, ne vous faites voir de personne !

— Oui, m'sieur ! Comptez sur moi, m'sieur ! »

Très fière de la confiance qu'on lui témoignait, Ficelle rejoignit ses compagnes. Boulotte demanda :

« Qu'est-ce qu'il te voulait, le Furet ? »

Ficelle posa un doigt sur ses lèvres, regarda autour d'elle avec des mines de conspirateur et chuchota :

« Il m'a confié une mission d'espionnage ultra-secrète. Je ne peux rien dire à personne. Tout ce que vous pouvez savoir, c'est que je suis la grande et première responsable n° 1. »

Sur le lit de Françoise se trouvait posé le costume blanc, qui ressemblait vaguement à un scaphandre d'astronaute. Ficelle le revêtit, constata qu'il lui était un peu juste. Avec des feuilles de papier, elle rallongea bras et jambes, puis courut dans la salle de bain pour s'admirer dans la glace.

« C'est parfait ! Françoise a fabriqué un casque de carton qui me donne l'allure d'une cosmonette. Sur la neige, je serai invisible et je mènerai à bien mon ébouriffante mission ! »

Très fière de sa nouvelle apparence, elle revint dans le dortoir et se promena avec majesté, pour bien se faire admirer par les autres filles. Quelques quolibets fusèrent.

« Oh ! la belle blanche !

— Hé ! Ficelle ! Tu vas au carnaval ?

— Non, elle va dans la Lune ! »

Ficelle déclara dédaigneusement :

« Vous êtes jalouses ! Vous n'avez pas un beau costume alpin comme le mien ! Et vous n'êtes pas chargées d'une mission, super-importante, comme moi ! »

Quand elle eut suffisamment exhibé son déguisement, la grande fille retira le scaphandre et mit un pyjama jaune et vert du plus bel effet. Puis elle se glissa dans son sac de couchage.

Elle s'aperçut alors qu'un objet insolite avait été mis dans le sac. Elle le retira. C'était une enveloppe blanche portant la mention : *Mlle FICELLE*.

Fébrilement, la grande fille l'ouvrit et en sortit une feuille de papier. Quelques mots y étaient écrits, qu'elle lut avec un étonnement grandissant.

En arrivant à la signature, elle poussa un cri de stupeur.

Chapitre 13

Les rançons

« Rien de nouveau, commandant Tronc ? demanda le commissaire.

— Rien pour l'instant. Mes hommes continuent à remonter la piste. Voulez-vous jeter un coup d'œil ? »

Le commandant Tronc, du 613e bataillon de chasseurs alpins, céda sa place devant une puissante lunette montée sur trépied, qu'il avait braquée vers la Dent du Diable. Le commissaire Férosse ferma son œil gauche, mit son œil droit devant l'oculaire et regarda avec attention.

Dans la pâleur rose du matin, les chasseurs

alpins gravissaient lentement la montagne, l'un derrière l'autre, sac au dos et arme à la bretelle. Ils avaient parcouru à peu près la moitié du chemin les séparant du chalet.

« A quel moment auront-ils terminé leur ascension ? s'enquit le commissaire.

— Vers le milieu de la matinée, je pense.

— Hum ! c'est bien tard, évidemment. Abominas aura déjà touché les rançons. Vous êtes sûr que vos chasseurs ne le laisseront pas échapper ?

— Absolument ! Vous voyez bien qu'ils contrôlent le seul point de passage.

— Bon. Je vais confirmer la chose à ces messieurs. »

Ces messieurs, c'étaient le préfet du département et les autorités venues de Paris par avion. Quoique l'heure fût matinale et la température encore fraîche, il y avait foule sur la place principale de Chamoix, devant la gare du téléphérique. Reporters et cameramen avaient veillé toute la nuit et tentaient de combattre le sommeil en buvant des tasses de café fort. Les familles de certaines des jeunes prisonnières étaient là aussi, pleines d'anxiété. Afin de les rassurer, le commissaire répéta pour la centième fois :

« Ne vous inquiétez pas, nous avons la situation en main ! »

A sept heures moins dix, il dit au commandant Tronc :

« Je crois que nous pouvons y aller. »

Escortés par une imposante troupe de gens en armes, le commissaire et le commandant traversèrent la grand-place et se rendirent au commissariat. Dans une petite pièce, se trouvait le coffre-fort qui servait à enfermer les objets trouvés — portefeuilles ou montres — que les alpinistes étourdis avaient perdus dans les hôtels, les cafés ou les cinémas de la station. En la circonstance, le coffre contenait une boîte à chaussures enveloppée de papier blanc. Cette boîte renfermait les rançons, sous forme de billets de banque.

Le commissaire mit la boîte sous son bras et sortit. Toujours escorté par des hommes armés, il traversa de nouveau la place et entra dans la station du téléphérique. A sept heures sonnantes, il mit le précieux colis dans la cabine du téléphérique. Quelques minutes plus tard, il y eut un ronflement de moteur, et la cabine prit son essor : quelqu'un, dans la station haute, avait remis le contact.

« Croyez-vous qu'Abominas tiendra parole ? demanda le commandant Tronc.

— Je l'espère. En principe, les moniteurs devraient se trouver dans la cabine descendante. »

Après quelques minutes d'une attente énervante, la cabine qui descendait parvint à la station basse. Quand le commissaire entrevit deux silhouettes à travers les glaces, il poussa un soupir de soulagement.

« Ouf ! Abominas a relâché les moniteurs ! »

On se précipita. Les reporters photographes lancèrent leurs éclairs sur les deux hommes blonds habillés de rouge qui apparurent. Ils semblaient se trouver dans un assez triste état. Tous deux portaient des bandages autour de la tête et quantité de pansements. Le commissaire s'écria :

« Que vous est-il donc arrivé ? Vous vous êtes battus contre Abominas ?

— En effet, nous nous sommes battus, dit l'un d'eux. Et il faut avouer qu'il a eu le dessus. Il nous a pris en traître ! Mais nous allons lui faire payer ça ! Tout de suite !

— Tout de suite ? Il y a donc un moyen pour l'atteindre ?

— Oh ! oui.

— En êtes-vous sûr ?

— Absolument ! Vous pouvez capturer Abominas d'ici un quart d'heure si vous le voulez... »

Le commissaire se frotta les mains et dit au commandant :

« Mon cher, je crois qu'il va y avoir du sport !

— Je le crois aussi, mon cher commissaire. Nous allons pouvoir préparer une bonne corde pour ficeler cet affreux Abominas !

— Vous voulez dire pour le pendre, mon cher commandant ! C'est tout ce qu'il mérite. Mais comment nous y prendre pour le capturer ? »

Le moniteur expliqua :

« Il se trouve en ce moment à la station haute, et il attend la rançon. Vous avez bien mis l'argent dans l'autre cabine ?

— Oui, dit le commissaire Férosse. Dans celle qui est montée, pendant que la vôtre descendait.

— Parfait ! Avez-vous une voiture rapide ?

— La mienne. Elle peut dépasser le 200 à l'heure.

— Bien. Nous allons monter avec vous et vous indiquer le moyen de tendre un piège à ce bandit. »

Le commissaire Férosse approuva :

« Je mets à votre disposition toutes les forces de police pour réussir cette capture.

— Et moi, ajouta le commandant Tronc, je me mets à vos ordres avec tous mes chasseurs alpins. »

Le moniteur fit signe que c'était inutile.

« Nous risquerions de donner l'éveil à Abominas. Il ne nous faut que la voiture, sans escorte. Allons-y ! »

Le commissaire prit place dans sa voiture, à droite du chauffeur. Les deux moniteurs s'installèrent sur le siège arrière.

« Où allons-nous, messieurs ?

— Prenez la route de Coryza. Après, nous vous indiquerons. »

L'auto traversa en trombe Chamoix, s'engagea à toute allure sur la route qui longeait le ravin.

L'un des moniteurs se retourna pour regarder à travers la lunette arrière.

« Que cherchez-vous ? demanda le commissaire.

— Je voulais m'assurer que nous n'étions pas suivis.

— Par qui ? J'ai fait ce que vous m'avez dit ; j'ai donné l'ordre à mes hommes de ne pas nous escorter.

— Vous avez très bien fait, monsieur le commissaire... Ah ! nous arrivons en vue de Coryza. Ralentissez, voulez-vous ? »

La voiture ralentit. A dix mètres sur la gauche s'allongeait la faille, dominée par la Dent du Diable. A droite, derrière et devant, la neige s'étendait. Par endroits pointaient des brins d'herbe. Le soleil commençait à répandre des flots d'or sur les sommets.

« Arrêtons-nous », dit le moniteur.

La voiture stoppa complètement.

« Bon. Si vous voulez descendre, monsieur le commissaire, ainsi que votre chauffeur...

— Il faut descendre ? Abominas est donc près d'ici ?

— Tout près, monsieur le commissaire, tout près.

— Où donc ?

— Derrière vous. »

Le moniteur posa le canon d'un pistolet contre la nuque du commissaire et ordonna :

« Allons, cher monsieur, sortez vite ! J'ai besoin de votre voiture. »

Chapitre 14

Le Furet fait demi-tour

Ahuri, stupéfait, abasourdi, le commissaire Férosse descendit de la voiture, tandis que les deux pseudo-moniteurs ôtaient leurs pansements. Abominas ricana :

« Alors, vous me reconnaissez, maintenant ? J'ai décoloré mes cheveux avec de l'eau oxygénée, mais tout de même, mon visage doit vous rappeler quelque chose ? Ma photo est épinglée dans tous les commissariats de police...

— Le Furet !

— Oui, le Furet, et son ami le prince d'Alpaga. Avec votre permission, nous allons maintenant récupérer la rançon. Au revoir, cher ami. Vous pouvez rentrer à pied à Chamoix ! »

Et laissant plantés là les deux policiers, le Furet et Alpaga remirent l'auto en route et s'enfuirent à toute allure. Se ressaisissant, le commissaire plongea la main dans sa poche pour y prendre son pistolet et ouvrir le feu sur le véhicule.

Sa poche était vide.

« Ah ! le brigand ! C'est avec mon propre pistolet qu'il nous a menacés ! Ah ! la canaille ! Le bandit ! Si je l'attrape, je le pulvérise ! »

En attendant de pulvériser le Furet, il se trouva contraint de suivre le conseil qu'on lui avait donné : retourner vers Chamoix à pied.

Pendant ce temps, les deux bandits se rapprochaient de Coryza. Ils abandonnèrent la voiture sur le bas-côté de la route, franchirent les quelques dizaines de mètres qui les séparaient du point où le petit téléphérique avait été établi.

Bulldozer était là, qui faisait les cent pas pour se réchauffer. Il était resté à Coryza depuis l'instant où il avait aidé à installer le petit téléphérique. Au pied de l'arbre qui servait à amarrer le câble, un colis était posé sur la neige. Le Furet sourit.

« Parfait ! Je vois que la jeune Ficelle a parfaitement suivi mes instructions. Pas de difficulté, Bulldozer ?

— Aucune, chef. La Ficelle en question a mis le colis dans la benne et me l'a expédié. J'ai eu du mal à la voir, la fille ! Avec son vêtement blanc, elle se confondait avec la nature !

— C'est ce qu'il fallait. Je ne voulais pas qu'on puisse la suivre à la jumelle, sinon les chasseurs alpins auraient bien vu qu'elle venait jusqu'ici. Tu as vérifié si le compte y est ?

— Non, chef, je n'ai pas ouvert le paquet.

— Jetons un coup d'œil rapidement. »

Il ouvrit un couteau à cran d'arrêt, coupa la cordelette, enleva l'emballage et souleva le couvercle de la boîte en carton.

Il poussa un effroyable juron.

« Hein ? C'est ÇA, la rançon ? On s'est moqué de nous ! »

Dans la boîte, il y avait une douzaine de journaux illustrés, accompagnés d'une feuille de papier où ces mots étaient écrits à la main :

Comme j'ai pensé que vous feriez un mauvais usage de l'argent, je préfère le remplacer par quelques numéros de Montagne-Magazine. *Lisez-les, ils sont instructifs. On y parle de ski, d'alpinisme et d'escalade, toutes choses passionnantes. Je vous salue bien.*

Et la feuille était signée : FANTÔMETTE.

Le Furet fit une boulette de la feuille qu'il jeta rageusement dans le ravin. Le prince d'Alpaga passa une main dans les ondulations de sa chevelure provisoirement blonde et murmura :

« Alors, Fantômette intervient une fois de plus dans nos affaires...

— Non, coupa le Furet. C'est cette grande sotte de Ficelle qui s'est amusée à nous jouer ce tour. Fantômette n'a rien à voir là-dedans !

— Dans ce cas, il faudrait essayer de lui reprendre la rançon. C'est sûrement elle qui l'a ?

— Bien sûr ! Elle a enlevé les billets pour les remplacer par ces vieux journaux. A voir son air idiot, je n'aurais jamais imaginé que cette idée lui viendrait !

— Que faisons-nous, alors ?

— Il faut retourner au chalet. »

Le prince d'Alpaga frémit :

« Voyons, chef ! Maintenant c'est impossible ! La police doit y être.

— Ce n'est pas sûr. Si les policiers sont en train de remonter la piste skiable, ils n'ont pas encore eu le temps d'arriver au chalet.

— Et le téléphérique ?

— Tant que le commissaire Férosse n'aura pas donné l'ordre de s'en servir, personne ne bougera. Et comme il doit être encore sur la route, nous ne craignons rien de ce côté. »

Le prince d'Alpaga caressa son menton soigneusement rasé.

« Tout cela est très joli, chef, mais comment voulez-vous retourner au chalet ? C'est impossible.

— Si.

— Je ne vois pas comment...

— En nous servant de notre téléphérique.

— Hein ? Vous voulez que nous nous suspendions à cette ficelle pour traverser le ravin ?

— Pourquoi pas ? Cela me paraît assez solide. Allez, passe devant !

— Quoi ? Pourquoi moi ?

— Parce que tu dois m'obéir ! Je suis le chef, hein ?

— Je vais salir mon anorak et mon fuseau !

— Avec la rançon, tu pourras t'en offrir une douzaine d'autres ! Mais il faut d'abord récupérer l'argent. Allez, vite ! »

A contrecœur, le prince d'Alpaga se suspendit par les mains et les pieds au câble d'acier. Il

progressa de trois ou quatre mètres, puis s'arrêta et regarda au-dessous de lui, vers le vide. Des gouttes de sueur perlaient sur son front.

« Chef ! Je ne peux plus avancer... j'ai peur ! »

Agacé, le Furet grogna :

« Si tu ne veux pas bouger, je détache le câble ! »

Terrorisé, le prince d'Alpaga reprit sa traversée. Sept ou huit minutes plus tard, il atteignit l'autre bord de la faille. Le Furet suivit alors le même chemin. Jugé trop lourd pour effectuer la même traversée, le gros Bulldozer resta de son côté, armé du pistolet, avec mission de surveiller les alentours.

Quand il eut rejoint son complice, le Furet ordonna :

« Maintenant, ne perdons pas de temps. Au chalet ! »

Les deux hommes se hâtèrent de contourner le sommet de la Dent du Diable. Ils jetèrent un coup d'œil vers le creux de la vallée. Les petites silhouettes noires des chasseurs alpins se détachaient sur la blancheur de la piste. Deux cents mètres environ les séparaient de la station supérieure.

« Vite, vite ! dit le Furet. Ils ne vont pas tarder à atteindre le chalet. Il faut que nous y soyons avant eux !

— Et que la grande Ficelle nous rende NOTRE argent !

— Sûr ! Sinon je l'expédie au fond du ravin... »

Les deux bandits n'avaient plus qu'une dizaine de mètres à parcourir, lorsque les premières boules de neige les atteignirent.

Chapitre 15

Grande activité de Ficelle

La lecture du message trouvé dans son lit avait plongé Ficelle dans une profonde stupeur. Le texte était ainsi rédigé :

Le grand jeu organisé par le Furet n'est qu'une fumisterie. Il a isolé la colonie sur la Dent du Diable et veut se faire payer une rançon qui sera apportée par le téléphérique demain matin. Echangez l'argent que contiendra le paquet contre des vieux journaux. Lorsque le Furet aura quitté le chalet, libérez les trois moniteurs qui sont enfermés dans le sous-sol.

Signé : FANTÔMETTE.

La première réaction de Ficelle fut de penser qu'il s'agissait d'une farce. Une des autres filles voulait sans doute s'amuser à ses dépens. Le coup venait de Zézette, probablement. Voulant vérifier cette hypothèse, Ficelle s'en fut secouer Zézette, qui s'était déjà endormie. Elle lui fourra la feuille sous le nez en s'écriant :

« C'est toi qui as écrit ce machin ? »

Zézette ouvrit un œil, lut le papier, grogna « Non ! » et se tourna sur le côté pour se rendormir. Perplexe, Ficelle revint à son lit, s'y assit et médita longuement. Le message avait-il réellement pour auteur l'illustre justicière ? Non, c'était impossible. Si Fantômette avait séjourné au Chalet du Diable, Ficelle n'aurait pas manqué de la voir...

Alors, c'est Boulotte qui avait écrit cette lettre, ou Françoise. Interrogée, la grosse gourmande secoua énergiquement la tête. Non, elle n'avait jamais écrit ce message. Quant à Françoise, elle n'était toujours pas rentrée. Une conclusion logique, évidente, sauta à l'esprit de Ficelle : *c'est Françoise qui avait fait cette farce !*

« Mais oui, bien sûr ! J'aurais dû y penser plus tôt ! Nous avons souvent eu affaire à Fantômette, et pour une fois, Françoise a voulu jouer son rôle ! Elle veut me faire croire que la justicière masquée s'occupe de nous !... Mais ça ne prend pas. Je suis certaine que le Furet a organisé un jeu pour nous amuser, et que le paquet contiendra des billets de tombola, comme il l'a dit. Les farces, avec moi, ça ne prend pas ! »

Satisfaite d'avoir ainsi tiré au clair cette histoire de lettre falsifiée, la grande fille se glissa dans son sac et s'endormit.

Le lendemain, elle se réveilla tôt. A sept heures moins le quart, elle était sur pied, débarbouillée et habillée. Bien décidée à suivre à la lettre les instructions données par le Furet, elle revêtit le *scaphandre spatial* blanc et se rendit à la station supérieure. Elle était déserte.

Pour se réchauffer, la grande fille battit la semelle et agita les bras dans les airs, comme un moulin à vent. Au bout de quelques minutes, deux hommes firent leur apparition. Deux hommes blonds, vêtus d'anoraks rouges.

« Sapristi ! Nos moniteurs sont revenus ? C'est curieux, ça ! »

Lorsqu'ils furent tout proches, Ficelle poussa un petit cri de surprise.

« Le Furet ! Alpaga ! Mais... Vous êtes devenus blonds ! Et vous vous êtes habillés comme les moniteurs qui étaient là avant vous ! »

Le Furet sourit :

« Ma jeune amie, tout ceci fait partie du grand jeu. Vous aurez les explications plus tard. En attendant, vous vous rappelez bien ce qu'il faut faire ? Prendre le paquet qui va venir dans la cabine montante, et l'amener jusqu'à notre petit téléphérique ; ensuite, lui faire franchir le ravin ?

— Oui, oui, j'ai compris.

— C'est très bien. Je compte sur vous. »

Le Furet s'assura que sa montre indiquait bien sept heures. Il entra avec Alpaga dans la cabine, puis ordonna, indiquant un bouton sur un petit tableau de commande accroché au mur de la station :

« Appuyez sur ce bouton. Il met en marche le téléphérique. »

Très fière du rôle qui lui était confié, Ficelle fit démarrer la cabine. Puis elle attendit. Au bout d'un moment, un doute parvint à son esprit. Il y avait dans cette affaire de grand jeu un certain nombre d'éléments bizarres. Etait-il bien nécessaire de construire un téléphérique pour tirer les billets d'une tombola ? Et de se décolorer les cheveux ? Et pourquoi exigeait-on qu'elle s'habille en blanc ? Pour que les autres filles ne la voient pas transporter le paquet ? Cette précaution semblait bien exagérée !... Après tout, si le message disait vrai ? Françoise avait peut-être deviné juste ! Le paquet pouvait contenir bien autre chose que des billets de loterie...

Quand la cabine parvint à la station, Ficelle se précipita à l'intérieur. Il y avait là un paquet rectangulaire, qu'elle ouvrit fébrilement. A l'intérieur, il y avait une multitude de billets de banque !

« C'est ébouriffant ! Françoise avait vu juste, il s'agit bien d'une rançon. »

Très émue, elle mit la boîte sous son bras, retourna en toute hâte au chalet. Elle sortit les billets, les cacha au plus profond de son lit et les remplaça par quelques numéros de *Montagne-Magazine*. C'est alors que l'idée lui vint de mystifier le Furet. Puisque Françoise avait écrit une lettre qu'elle avait signée Fantômette, pourquoi n'en ferait-elle pas autant ? Le Furet méritait une bonne leçon !

Elle prit une feuille de papier, inscrivit le texte que l'on connaît, le glissa dans la boîte et referma le couvercle.

Puis elle sortit du chalet et courut jusqu'au petit téléphérique. Le gros Bulldozer attendait l'arrivée du colis sur l'autre bord du ravin. Ficelle opéra le transbordement et revint, toujours en courant, jusqu'au chalet. Elle se rappela alors la recommandation écrite sur le message de

Françoise : *délivrez les moniteurs.* Etaient-ils vraiment enfermés dans le sous-sol du chalet ?

Elle descendit l'escalier, frappa à une porte en bois :

« Ho ! Ohé ! Les moniteurs ? Vous êtes là ? »

Ils étaient là. S'ils n'avaient pas manifesté leur présence plus tôt, c'était par peur des représailles que le Furet aurait exercées sur les filles. C'est ce qu'ils expliquèrent à Ficelle lorsqu'elle leur eut ouvert la porte. Le moniteur-chef demanda :

« Où se trouve le Furet en ce moment ?

— Il est redescendu à Chamoix par le téléphérique, avec son complice Alpaga.

— Donc, nous ne courons plus aucun danger. Et vous dites que vous avez récupéré la rançon ?

— Je l'ai cachée dans mon lit.

— Très bien. L'un de nous va descendre dans la vallée pour rassurer les parents, qui doivent être en émoi. »

Les trois moniteurs se rendirent dans le dortoir où les filles, restées sans surveillance, avaient organisé une bataille de polochons. La soudaine apparition de moniteurs, que l'on croyait définitivement partis, causa quelque surprise. L'étonnement fut encore plus grand quand la colonie apprit qu'elle avait été prisonnière pendant vingt-quatre heures sans le savoir !

« C'est grâce à moi que vous avez été délivrées ! proclama Ficelle fièrement. J'ai deviné avant tout le monde que le grand jeu était une blague ébouriffante. En réalité, le Furet voulait se faire payer une rançon. Heureusement que je suis géniale ! J'ai eu l'idée de remplacer l'argent par des vieux journaux. Et maintenant, qui fait une drôle de tête ? C'est le Furet ! »

Joignant le geste à la parole, elle tendit le bras vers une fenêtre qui s'ouvrait sur la vallée. Elle ne croyait pas si bien dire : le Furet s'approchait du chalet. Ficelle l'aperçut et poussa un cri d'effroi.

« Oh ! le Furet et le prince d'Alpaga ! Ils reviennent ! » Rassurée par la présence des moniteurs, elle se ressaisit et prit le commandement :

« Vite ! Sortons sur la terrasse et bombardons-les avec des boules de neige ! Ils n'oseront pas venir jusqu'ici ! »

En un instant, la colonie se trouva à l'extérieur, et l'espace aérien se remplit de projectiles. Surpris par cette soudaine attaque, le Furet et son compagnon s'arrêtèrent, marquèrent un temps d'hésitation. Les bandits allaient reprendre leur marche en avant, lorsqu'ils se rendirent compte que les trois moniteurs quittaient la terrasse et

s'élançaient vers eux, armés de bâtons de ski. Le Furet cria :

« Vite, Alpaga ! C'est raté ! Demi-tour et sauve qui peut ! »

Prenant leurs jambes à leur cou, les deux aigrefins s'enfuirent vers l'endroit d'où ils venaient. En arrivant à la pyramide, une surprise de taille les attendait. Le câble du petit téléphérique, sectionné, pendait dans le vide. La retraite était coupée !

De l'autre côté du ravin, une petite silhouette jaune, rouge et noire agitait joyeusement les bras. Le Furet et Alpaga perçurent un rire plein d'ironie qu'accompagnaient ces paroles :

« Ohé, les alpinistes ! Il y a eu un petit incident technique ! Le gros Bulldozer a voulu vous rejoindre, et il a cassé le câble. Il est tombé dans le ravin ! »

Le Furet se pencha. C'était vrai. Bulldozer était au fond de la faille ! Par chance, il était tombé sur une épaisse couche de neige qui avait amorti le choc. Mais pourquoi donc avait-il eu l'idée de monter dans la fragile benne ? Le Furet comprit lorsqu'il aperçut entre les mains de Fantômette le revolver du commissaire. Elle avait trouvé le moyen de le subtiliser et d'en menacer le gros homme pour l'obliger à monter dans le téléphérique. Ce que Fantômette confirma avec bonne humeur :

« Mais oui, cher Furet, votre ami l'hippopotame m'a fait cadeau de sa vieille pétoire et m'a dit qu'il voulait essayer une technique de son invention ; le saut sans parachute. Et vous voyez, ça marche ! Il aurait pu se casser deux ou trois jambes, mais non... Il s'en sort sans une égratignure ! Quel veinard ! »

Le Furet serra les poings. Une fois de plus, la justicière masquée faisait échouer une magnifique entreprise, une affaire qui devait lui rapporter une fortune ! Il se retourna, cherchant une issue miraculeuse. Mais non, tous les chemins étaient barrés. Les moniteurs s'avançaient et derrière eux, on devinait déjà les uniformes des chasseurs alpins. Le prince d'Alpaga se caressa le menton et dit amèrement :

« Chef, j'ai l'impression que je ne vais pas encore acheter ces mirifiques costumes dont je rêve depuis si longtemps...

— Tais-toi, éclata le Furet, tu dis des bêtises ! Attends un peu que je sois hors de prison, et tu pourras t'en offrir un million de douzaines ! »

Le prince d'Alpaga hocha la tête.

« C'est ce que vous me dites chaque fois... Enfin, je commence à m'y habituer... »

Epilogue

« Ce que je n'arrive pas à comprendre, dit Ficelle, C'est pourquoi tu as signé ton message " Fantômette " ? Tu aurais pu mettre " Françoise ", non ? »

Françoise sourit.

« Si j'avais signé de mon nom, aurais-tu cru ce que je disais ? »

Ficelle plissa le front.

« Heu..., je ne sais pas... Peut-être... Ce n'est pas sûr...

— Tu vois ! En te faisant croire que cette lettre était écrite par Fantômette, j'étais sûre que tu la prendrais au sérieux.

— Peut-être, mais j'ai tout de suite deviné que c'était toi qui l'avais écrite ! Il ne faudrait tout de même pas me raconter des fariboles ! »

Et la grande Ficelle ponctua cette affirmation en relevant le nez avec défi. Françoise éclata de rire, et Ficelle se serait fâchée si Boulotte n'était intervenue en criant :

« Vite ! Tout le monde à table ! C'est l'heure du déjeuner ! »

Déjeuner qui avait été fortement retardé par les multiples événements de la matinée. Ce n'avait été qu'un incessant va-et-vient de policiers, de chasseurs alpins... et de parents, entre Chamoix et le chalet. Interrogatoires, interviews, discussions fiévreuses... La Dent du Diable n'avait jamais vu un tel déploiement d'activité ! Le commandant Tronc expliquait aux journalistes comment il avait courageusement capturé le Furet :

« Je l'ai fait prisonnier tout seul, avec l'aide de mon bataillon de chasseurs. »

Le commissaire Férosse relatait comment, grâce à son astuce proverbiale, il avait deviné que les bandits utiliseraient un téléphérique de leur invention pour emporter la rançon. (Il se gardait bien d'ajouter qu'il lui avait fallu parcourir un certain nombre de kilomètres à pied dans la neige, pour revenir à Chamoix.)

Perchée sur son lit, Ficelle faisait une conférence à l'ensemble de la colonie, pour faire savoir qu'elle devait à son intelligence aiguë cette idée géniale : opérer la substitution des billets.

Françoise, assise dans un coin sur un tabouret de style savoyard, l'écoutait discourir avec un sourire amusé. Près d'elle, Boulotte croquait du chocolat blanc. La gourmande s'interrompit une seconde pour dire à Françoise :

« Tu sais, on a fait une belle bataille à coups de boules de neige contre le Furet. C'est dommage que tu n'aies pas été là ! Où étais-tu passée ? Le Furet a dit qu'il t'avait envoyée en mission quelque part...

— Non, c'est faux. J'ai eu envie de visiter la région et je me suis promenée un peu partout.

— Alors, tu as passé la nuit dehors ?

— Pas tout à fait. J'ai trouvé une espèce de grange pleine de foin du côté de Coryza. On dort très bien dans le foin, tu sais.

— Et comment es-tu revenue ?

— Par le téléphérique, avec un groupe de journalistes. »

Boulotte croqua un nouveau morceau de chocolat et dit :

« Sais-tu ce qu'a dit le Furet quand le commandant Tronc l'a arrêté ?

— Non.

— Il a dit textuellement : " Si je suis pris, c'est à cause de cette maudite Fantômette ! " »

Ficelle, qui venait de terminer le discours à sa gloire, entendit la citation de Boulotte. Elle descendit de son perchoir et proclama : « C'est archifaux ! Si le Furet a dit ça, c'est parce que j'avais mis dans le colis une lettre que j'avais signée *Fantômette*. Une autre de mes idées géniales !

— Alors, demanda Françoise, la vraie Fantômette ?

— Elle n'a rien eu à faire ici !

— Tu en es bien sûre ?

— Absolument, absolument ! Et l'aventure super-ébouriffante que nous venons de vivre, on pourra l'appeler tout simplement : *Ficelle et la Dent du Diable !* »

Table

BIBLIOTHÈQUE ROSE
Comtesse de Ségur
Mémoires d'un âne

BIBLIOTHÈQUE ROSE
Francine Pascal
Les jumelles et le mal-aimé

BIBLIOTHÈQUE ROSE
Enid Blyton
Les Cinq Détectives et le sac magique

BIBLIOTHÈQUE ROSE
Enid Blyton
Le cheval du Clan des Sept

BIBLIOTHÈQUE ROSE
Zorro, l'enfant et le pirate

BIBLIOTHÈQUE ROSE
Enid Blyton
Le Club des Cinq et le coffre aux merveilles

IMPRIMÉ EN FRANCE PAR BRODARD ET TAUPIN
Usine de La Flèche, 72200.
Dépôt légal Imp : 1233 K-5 – Edit : 6463.
20-20-9225-03-2 – ISBN : 2-01-209225-X.
Loi nº 49-956 du 16 juillet 1949 sur les publications destinées à la jeunesse.
Dépôt : février 1995.